19 ?.

Das Erwachen des Bewußtseins
und die Verwirklichung des Selbst,
ist für einen spirituellen Sucher
das Wichtigste auf dieser Welt —
denn das Selbst ist ewig.

KUNDALINI

Die Kraft der Göttlichen Mutter

Sri Chinmoy

THE GOLDEN SHORE

VERLAGSGESELLSCHAFT MBH

Titel der Originalausgabe:
Kundalini: the Mother-Power

Übersetzung: Vasanti Niemz

2. Auflage 1995

ISBN 3-89532-013-7

The Golden Shore Verlagsges.mbH
Glockendonstr. 31
D-90429 Nürnberg

Druck: Offset Druckerei Pohland, Augsburg

Einleitung

In diesem Buch beschreibt ein verwirklichter spiritueller Meister verschiedene Wege zur Erweckung der Kundalini und zur Öffnung des dritten Auges und anderer Chakren. Sri Chinmoy erläutert die okkulten Kräfte, die mit dem Öffnen der Chakren einhergehen, und warnt zugleich vor Gefahren und Fallstricken. Er erklärt, woran man erkennt, wenn ein Chakra sich öffnet, er spricht über den Unterschied zwischen spiritueller und okkulter Kraft und beschreibt die Welt jenseits der Kundalini-Erfahrung.

Das Buch enthält vier Vorträge, die Sri Chinmoy im Februar 1973 auf Einladung von Dr. James Carse, Leiter der Abteilung für Religion, im Rahmen einer Vortragsreihe über Kundalini-Yoga an der New York University gegeben hat, seine Antworten auf eine Reihe von Fragen im Anschluß an diese und andere Vorträge, sowie einige überlieferte und erlebte Geschichten.

INHALTSVERZEICHNIS

Einführung des Autors

Der Mutter-Aspekt des Göttlichen

Gott ist für uns sowohl Mutter als auch Vater, er ist männlich und weiblich zugleich. Die Kundalini-Kraft ist die Kraft der höchsten Göttin, die Kraft des Mutter-Aspektes des Göttlichen. Manchmal will die Mutter mit ihren Kindern spielen, weil es ihnen Freude macht, die Kraft ihrer Mutter zu sehen. Und manchmal spielt sie allerlei Spiele mit ihnen, um die Kraft ihrer Kinder zu sehen. Sie kommt auf die Ebene der Kinder herab, um ihnen zu zeigen, wieviel Kraft und Stärke sie erhalten können, wenn sie sich richtig verhalten und wenn sie sich anstrengen. Die Kinder sind entzückt und fasziniert. "Unsere Mutter ist so stark, so machtvoll," sagen sie.

Die Mutter muß weit herabkommen, um ihre Kundalini-Kraft zu zeigen. Sie vollbringt einige Wunder, und die Kinder wollen lernen, wie man das macht. Darauf sagt sie: "Gut, aber lernt zuerst dieses Spiel hier." Und sie zeigt ihre höchste Kraft, ihr höchstes Bewußtsein. In diesem Augenblick sind die Kinder sprachlos. "Oh, das ist also unsere Mutter!" sagen sie dann. Und sie beginnen, Liebe, Hingabe und Überantwortung zu üben. Wenn sie ihre Mutter in ihrer höchsten Form, ihrer wirklichen Form sehen, dann begreifen sie, daß diese Kundalini-Kräfte bedeutungslos sind. Sie sind wie ein Spiel mit kleinen Flammen und Feuern.

Kundalini-Kraft ist zwar wirkliche Kraft, doch in ihr liegt große Rastlosigkeit. Kundalini-Kraft ist meist wie ein Äffchen; ihre Haupteigenschaft ist Rastlosigkeit. Wirkliche spirituelle Kraft hingegen, die Kraft der höchsten Mutter, die von der höchsten Ebene kommt, ist nicht rastlos. Wenn wir mit spiritueller Kraft Frieden anbieten, ist es wirklicher Frieden.

Doch selbst wenn wir Kundalini-Kraft für den richtigen Zweck gebrauchen, werden wir nicht fähig sein, durch sie unendlichen Frieden, unendliche Seligkeit, unendliches Licht anzubieten. Wir können noch so viele Wunder zeigen — wer sie sieht, wird nur für fünf Minuten zufrieden sein, dann wird er eifersüchtig werden, weil er nicht dieselbe Macht besitzt. Wenn wir ihm beim nächsten Mal diese Kraft nicht wieder zeigen, ist er aufgebracht und beginnt zu zweifeln. Er wird glauben, unsere Macht sei begrenzt und wir könnten nur von Zeit zu Zeit Wunder vollbringen. Kundalini-Kraft kann alle Arten von Wundern bewirken, doch das Bewußtsein eines Menschen kann sie nicht um einen einzigen Zentimeter heben. Um das zu tun, brauchen wir spirituelle Kraft, die Kraft, die von der höchsten Göttin auf ihrer höchsten Ebene kommt.

Du bist mein Ozean, Mutter

Mutter,
    Du erwiderst mein Lied,
Deshalb singe ich.
Ich weiß, Mutter,
    Deine Zuneigung ist grenzenlos.
Selbst wenn ich Dich
    In meinen Launen vergesse,
Ziehen mich Dein unendliches Mitleid
    Und Dein Frieden
Zu Dir hin.
Du bist mein Ozean, Mutter;
Ich bin Dein winzigster Tropfen.
Die Sterne, der Mond und die Sonne
    Sind alle Deine ewigen Gefährten
    In Deinem kosmischen Spiel.

Kundalini-Yoga: Die Mutter-Kraft

Wollen wir dem Pfad des Kundalini-Yoga folgen? Dann dürfen wir nicht schlafen. Wir dürfen nicht in der Welt der Dunkelheit und der Nacht schlafen. Die Welt der Dunkelheit schwächt unsere inneren Fähigkeiten. Die Welt der Nacht zerstört unsere äußeren Möglichkeiten. Wenn unsere inneren Fähigkeiten geschwächt werden, wird unser Leben unglücklich. Wenn unsere äußeren Möglichkeiten zerstört werden, wird unser Leben unerträglich. Wo können unsere inneren Fähigkeiten ungestört wachsen? Nur im Herzen der Mutter-Kraft, der Kundalini. Wann können unsere äußeren Möglichkeiten sich verwirklichen? Nur wenn wir zu Füßen der Mutter-Kraft, der Kundalini, sitzen.

Wollen wir dem Pfad des Kundalini-Yoga folgen? Dann brauchen wir einen diamantenen Willen. Wir müssen tapfer sein in der Welt der Unwissenheit und der Unbewußtheit. Unwissenheit zwingt uns, hilflos und nutzlos zu sein. Wenn wir uns nutzlos fühlen, fühlt sich die Mutter-Kraft in uns hilflos. Wenn wir uns hilflos fühlen, ermutigt, inspiriert und erleuchtet uns die Mutter-Kraft in uns unermüdlich aus ihrem unendlichen Mitleid heraus.

Wollen wir dem Pfad des Kundalini-Yoga folgen? Dann müssen wir lieben. Wir müssen die Mutter in uns, die Mutter vor uns und die Mutter um uns herum lieben. Die Mutter in uns ist seelenvoll. Die Mutter vor uns ist schön. Die Mutter um uns herum ist machtvoll. Wir brauchen die Mutter der Seele, um das kosmische Spiel des Lebens zu spielen. Wir brauchen die Mutter der Schönheit, um das kosmische Lied des Lebens zu singen. Wir brauchen die Mutter der Kraft, um den kosmischen Tanz des Lebens zu tanzen. Das Spiel des Lebens schenkt uns Energie. Das Lied des Lebens erleuchtet uns. Der Tanz des Lebens macht uns unsterblich. Unsere Energie ist dazu da, von der Welt gebraucht zu werden. Unsere Erleuchtung ist dazu da, von der Welt verherrlicht zu werden. Unsere Unsterblichkeit ist dazu da, von der Welt geschätzt zu werden.

Wollen wir dem Pfad des Kundalini-Yoga folgen? Dann muß Kraft in unserem Leben an erster und an letzter Stelle stehen. Wenn göttliche Kraft unsere erste Wahl ist, verläßt uns die Furcht. Wenn göttliche Kraft unsere letzte Wahl ist, verläßt uns der Zweifel. Wenn Furcht uns verläßt, werden wir, was wir sein wollten: göttliche Krieger. Wenn Zweifel uns verläßt, werden wir, was wir ursprünglich waren: das universelle Selbst.

Wollen wir dem Pfad des Kundalini-Yoga folgen? Dann müssen wir fühlen, daß jede Sekunde in unserem Leben so wichtig ist wie ein ganzes Jahr. Und wir müssen erkennen, daß jedes Jahr mit so vielen Gelegenheiten gefüllt ist, wie das Jahr Sekunden zählt. Jede Sekunde bringt uns entweder der Verwirklichung näher oder der Frustration. Jedes Jahr bringt uns entweder der transzendentalen Wahrheit näher oder der abgrundtiefen Falschheit.

Die Wahrheit sagt uns, daß wir Gottes auserwählte Kinder sind. Wir brauchen Gott, um das Höchste zu erreichen, und Gott braucht uns, um das Höchste zu manifestieren. Die Falschheit sagt uns, daß wir alle Instrumente des Todes sind und daß der Tod uns dringend braucht. Die transzendentale Wahrheit lockt uns. Die abgrundtiefe Falschheit erschreckt uns. Wenn die transzendentale Wahrheit uns zuwinkt, fühlen wir, daß wir niemand anderes als die höchste Wirklichkeit, der *Supreme* sind. Wenn die abgrundtiefe Falschheit uns Schrecken einjagt, fühlen wir, daß wir die ewigen Sklaven von Unwissenheit, Unbewußtheit und Tod sind.

Wollen wir dem Pfad des Kundalini-Yoga folgen? Dann brauchen wir Reinheit im Denken und Reinheit im Handeln. Mit einem reinen Gedanken erbauen wir den stärksten und größten Palast der Liebe und der Erfüllung. Mit einem unreinen Gedanken zerstören wir den stärksten und größten Palast der Liebe und der Erfüllung. Wir erzeugen einen reinen und göttlichen Gedanken, wenn wir fühlen, daß wir von Gott und für Gott sind. Wir erzeugen einen unreinen und ungöttlichen Gedanken, wenn wir fühlen, daß wir von der unerkennbaren Unwissenheit kommen und für die bekannte und unbekannte Unwissenheit sind. Durch eine reine Handlung werden wir zum Lebensretter der strebenden Welt. Durch eine unreine Handlung werden wir zum Zerstörer der ganzen Welt.

Wollen wir dem Pfad des Kundalini-Yoga folgen? Dann müssen wir wissen, daß unsere Essenz die Glückseligkeitskraft des Himmels und unsere Existenz die Friedenskraft für die Erde ist. Mit der Glückseligkeitskraft beginnen wir. Mit der Friedenskraft enden wir.

Prana und die Kraft der Chakren

Kundalini-Yoga ist der Yoga des *Prana.* Prana ist die Lebensenergie oder das Lebensprinzip des Universums. Es gibt drei Hauptkanäle, durch die diese Lebensenergie fließt. Diese Kanäle heißen *Ida, Pingala* und *Sushumna.* Auf Sanskrit werden diese Kanäle *Nadis* genannt. Ida, Pingala und Sushumna befinden sich in unserem subtilen physischen Körper, nicht im Grobphysischen. Durch Ida fließt der Strom der Lebensenergie auf der linken Seite des Körpers. Durch Pingala fließt der Strom auf der rechten Seite des Körpers. Durch Sushumna fließt der Strom in der Mitte der Wirbelsäule.

Sushumna ist der wichtigste der drei Nadis. Er empfängt einen ununterbrochenen Strom von Lebensenergie aus dem universellen Bewußtseinslicht. Zwischen Ida und Pingala und den Tierkreiszeichen und Planeten besteht eine innere Beziehung. Ida hat eine besondere Beziehung zum Mond und zum Planeten Merkur, daher ist ihre Haupteigenschaft Kühle und Milde. Pingala steht mit Sonne und Mars in Verbindung, daher ist ihre Haupteigenschaft starke und dynamische Hitze.

Ida beherrscht das linke Nasenloch, Pingala das rechte. Wenn wir vorwiegend durch das linke Nasenloch ein- und ausatmen, müssen wir wissen, daß Ida aktiv ist. Wenn wir durch unser rechtes Nasenloch ein- und ausatmen, ist Pingala aktiv. Und wenn beide Nasenlöcher gleichmäßig arbeiten, ist Sushumna aktiv. Manchmal geschieht es auch, daß Ida einatmet und Pingala ausatmet.

Ida, Pingala und Sushumna treffen an sechs verschiedenen Stellen zusammen. Jeder dieser Punkte bildet ein Zentrum, und jedes Zentrum ist rund wie ein Rad. In der spirituellen indischen Philosophie werden diese Zentren *Chakren* genannt. Man nennt sie auch Lotos, weil sie wie eine Lotosblüte aussehen. Diese sechs Zentren, das wissen Sie vielleicht, heißen *Muladhara, Svadhisthana, Manipura, Anahata, Vishuddha* und *Ajna*. Ein weiteres Chakra im Gehirn nennt man *Sahasrara*. Weil es sich jedoch im Gehirn befindet und nicht entlang der Wirbelsäule, zählt man es nicht zu den anderen sechs Zentren. Außer diesen sechs Zentren gibt es noch viele andere Chakren im subtilen physischen Körper. Hier im Knie haben wir ein Chakra, selbst in den Zehen und den Fingerspitzen gibt es Chakren. Doch diese Chakren sind weniger wichtig und werden normalerweise nicht erwähnt.

Das Wurzelchakra oder der Lotos *Muladhara* hat vier Blütenblätter, deren Farben rot und orange sind. Das Milzchakra, *Svadhisthana*, hat sechs Blütenblätter. Die Blätter sind orange, blau, grün, gelb, violett und blutrot. Blutrot ist die dominierende Farbe in diesem Chakra. Das Nabelchakra, *Manipura*, besitzt zehn Blütenblätter, die rosa, orange und grün sind, wobei das grün jedoch überwiegt. Das Herzchakra, *Anahata*, ist zwölfblättrig.

Seine Farbe ist ein leuchtendes Gold. Das Kehlkopfzentrum, der *Vishuddha*-Lotos, hat sechzehn Blütenblätter. Seine Farben sind blau und grün. Das Stirnchakra, *Ajna*, hat nur zwei Blütenblätter. Doch innerhalb jeden Blütenblattes gibt es weitere achtundvierzig Blütenblätter. Hier ist die Farbe rosé. Das Scheitelzentrum, *Sahasrara*, besitzt 1000 Blätter, oder um genau zu sein: 972. Es enthält alle Farben, doch die vorherrschende Farbe ist violett.

Das universelle Bewußtsein verkörpert universelle Musik. Jedes Chakra, in dem sich die Lebensenergie aus dem universellen Bewußtsein sammelt, erzeugt einen musikalischen Ton.

Vom Sahasrara-Zentrum wird der Ton *shadja* oder *sa* gebildet. In der westlichen Musik heißt er 'do'. Vom Ajna-Zentrum kommt der Ton *rishabha* oder *ri* — hier 're' genannt. Vom Vishuddha-Zentrum wird *gandhara* oder *ga* erzeugt: das westliche 'mi'. Im Anahata-Zentrum wird der Ton *madhyama* oder *ma* gebildet — hier 'fa' genannt. Das Manipura-Zentrum erzeugt *panchama* oder *pa*—hier heißt es 'so'. Aus dem Svadhisthana-Zentrum entspringt *dhaivata* oder *dha* — das 'la'; und aus dem Muladhara-Zentrum *nishada* oder *ni* — im Westen 'ti' genannt.

Den sieben Chakren entsprechen sieben Welten. Muladhara entspricht *Bhurloka*, Svadhisthana *Bhuvarloka*, Manipura *Svarloka*, Anahata *Janaloka*, Vishuddha *Tapoloka*, Ajna *Maharloka* und Sahasrara *Satyaloka*. Für jede Welt steht ein bestimmtes Symbol: für Bhurloka die Erde, für Bhuvarloka das Wasser, für Svarloka die Hitze, für

Janaloka die Luft, für Tapoloka der Äther, für Maharloka Energie und für Satyaloka der unendliche Raum.

Zu jedem Zentrum gehört zudem eine bestimmte Mutter-Kraft, die eine Manifestation der höchsten Mutter darstellt. Diese Mutter-Kräfte heißen *Brahmi, Parameshwari, Kaumari, Vaishnavi, Varahi, Indrani* und *Chamunda.*

Jede von ihnen hat ihren ganz bestimmten Ort. Brahmi ist die Mutter-Kraft, die den unendlichen Raum verkörpert und durchdringt. Sie herrscht über alle Chakren. Brahmi hat ihren Sitz im Sahasrara-Chakra, dem Scheitelzentrum oder tausendblättrigen Lotos. Von dort aus herrscht sie über die Zentren unter ihr: Ajna, Vishuddha, Anahata, Manipura, Svadhisthana und Muladhara. Parameshwari hat ihren Sitz im Ajna-Chakra, dem Stirn-Zentrum. Von dort herrscht sie über Ajna und die Chakren unter ihr. Kaumari wohnt im Vishuddha-Chakra, dem Kehlkopfzentrum, und herrscht über Vishuddha und die darunterliegenden Chakren. Vaishnavi beginnt vom Anahata-Chakra, dem Herzzentrum aus zu wirken und beherrscht die anderen Zentren darunter. Varahi, mit Sitz im Nabelzentrum, regiert die niederen Ebenen: Manipura, Svadhisthana und Muladhara. Indrani herrscht über Svadhisthana, das Milz-Zentrum, und Muladhara am unteren Ende der Wirbelsäule. Und Chamunda regiert nur über das Muladhara-Chakra.

Zu jedem Zentrum gehört darüber hinaus eine vorherrschende Gottheit, ein kosmischer Gott. *Brahma* wird dem Muladhara-Chakra zugeordnet, *Rudra* dem Svadhisthana-

Chakra, *Vishnu* dem Manipura-Chakra, *Ishwara* dem Anahata-Chakra, *Sadashiva* dem Vishuddha-Chakra, *Shambhu* dem Ajna-Chakra und *Paramashiva* dem Sahasrara-Chakra.

Diese Zentren können auf unterschiedliche Weise geöffnet werden. Die übliche Methode für diejenigen, die Kundalini-Yoga praktizieren, besteht darin, sich fest auf jedes Zentrum zu konzentrieren und die Mutter-Kraft oder die vorherrschende Gottheit dieses Zentrums sehr seelenvoll anzurufen. Allerdings weisen alle spirituellen Meister aufgrund ihrer eigenen Erfahrungen darauf hin, daß es besser ist, zuerst das Herzzentrum zu öffnen und erst dann die anderen Zentren zu öffnen versuchen. Wenn man zuerst das Herzzentrum öffnet, besteht praktisch kein Risiko. Es ist jedoch sehr gefährlich, mit dem Muladhara-, dem Svadhisthana- oder dem Ajna-Chakra zu beginnen. Andererseits gibt es auch Sucher, die eine ganz andere Methode anwenden. Ihnen liegt nichts an okkulter Kraft, sie wollen nur die Liebe, das Licht und die Wahrheit Gottes. Sie lernen, wie man höchst seelenvoll meditiert, und wenn sie in ihrer Meditation sehr weit fortgeschritten sind, öffnen sich die Zentren von allein. Durch die Gnade des Höchsten können sich diese Zentren sogar ohne Meditation öffnen.

Wenn diese Zentren ohne entsprechende Reinigung geöffnet werden, wird es für den Sucher eine sehr schmerzhafte Erfahrung sein. Es ist, wie wenn man mit dem Feuer oder mit einem scharfen Messer spielt. Der Sucher kann dabei andere zerstören oder selbst zerstört werden. Wir müssen uns bewußt sein, daß die wunderbaren Kräfte, die man durch die Öffnung dieser Zentren erhält, in der inneren Welt keineswegs wunderbar oder außergewöhnlich sind. Die Kräfte, die in diesen Zentren ruhen, sind völlig normal. In der inneren Welt werden diese Kräfte ständig von spirituellen Meistern angewandt. In der inneren Welt sind sie normal und natürlich. Nur wenn sie auf der physischen Ebene gebraucht werden, scheinen sie ungewöhnlich oder übernatürlich.

Jeder wirkliche spirituelle Meister besitzt diese Kräfte. Auf der anderen Seite jedoch braucht man kein spiritueller Meister höchster Ordnung zu sein, um diese Kräfte zu besitzen. Man braucht nicht einmal ein großer Sucher zu sein. Selbst jemand, der ein normales, gewöhnliches, gottloses Leben führt, kann diese Kräfte entwickeln.

In Indien begegnete ich einigen Suchern — ich kann sie nicht einmal aufrichtige Sucher nennen —, die etwas okkulte oder Kundalini-Kraft besaßen. Doch sie mißbrauchten sie die meiste Zeit. Sie öffneten z.B. ihr drittes Auge, um zu erfahren, was ihre Freundinnen über sie dachten. Das ist völlig lächerlich! Sie hätten das dritte Auge genausogut dazu benutzen können, ihre eigenen dunklen, unreinen Gedanken zu zerstören. Obwohl sie die Fähigkeit dazu hatten, machten sie keinen Gebrauch davon. Jemand anderes benutzte seine okkulte Kraft dazu, nachts seine Feinde zu bedrohen und sie zu zwingen, am nächsten Morgen zu tun, was immer er von ihnen wollte. Mit Hilfe seiner okkulten Kraft, seines dritten Auges, machte er seine Feinde zu seinen Sklaven. Doch er hätte sein drittes Auge dazu benützen können, Gottes Willen in seinem eigenen Leben und im Leben anderer zu erfahren. Wenn es Gottes Wille gewesen wäre, jemandes spirituellen Fortschritt zu beschleunigen, hätte er sein drittes Auge benutzen können, um dem Betreffenden zu helfen. Wenn es richtig gebraucht wird, hat jedes Zentrum etwas Besonderes anzubieten. Dann wird es zu einem wirklichen Segen für den inneren Führer und die ganze Menschheit.

Ich möchte ganz deutlich darauf hinweisen, daß das Öffnen der Zentren nicht bedeutet, daß man Gott verwirklicht oder unmittelbar vor der Gottverwirklichung steht. Das Öffnen der Zentren ist nicht notwendigerweise der Vorbote der Gottverwirklichung, weit davon entfernt! Das eine hat mit dem anderen nichts zu tun. Ganz gleich, wieviele Zentren man geöffnet hat — selbst wenn alle sieben Zentren geöffnet sind, ist das kein Zeichen dafür, daß man kurz vor der Gottverwirklichung steht oder verwirklicht ist. Vom höchsten spirituellen Gesichtspunkt aus ist das Öffnen der Zentren wie die Spiele, die eine Mutter mit ihren Kindern auf dem Spielplatz spielt. Kinder lieben Spiele, und die Mutter zeigt dabei ihre Fähigkeiten. Sie tut es keineswegs aus Stolz oder Eitelkeit. Nein! Die Mutter weiß einfach, daß die Kinder Spaß daran haben. Sie kann ihnen auf diese Weise etwas Freude, etwas Vergnügen bereiten, daher spielt sie diese Spiele. Normalerweise sind es Shiva auf der Sahasrara-Ebene und seine Gefährtin Shivani von der Muladhara-Ebene, auf der die Kundalini fest schläft, die spielen. Wenn sie mit ihren Kindern in der inneren Welt spielen, beginnen die okkulten Kräfte aktiv zu werden.

Beginnen wir nun am Anfang: Beim *Muladhara-Chakra*, dem Wurzelchakra.

Wenn man die Herrschaft über das Muladhara-Zentrum erlangt hat, kann man sich nach Belieben unsichtbar machen. Man kann alle Krankheiten überwinden. Man kann erfahren, was immer man erfahren will, und entdekken, was immer man entdecken will. Wenn man Gottes Mitleid, Gottes Licht, Gottes Liebe für sich entdecken will, kann man das tun. Wenn man jedoch mit derselben Kraft zu erfahren versucht, was jemand anderes denkt oder was sich in dessen äußerem Leben abspielt, oder wenn man sie gebraucht, um aus Neugierde herauszufinden, ob ein dritter Weltkrieg ausbrechen wird, dann mißbraucht man diese Kraft.

Wenn jemand, der das Muladhara-Zentrum beherrscht, sieht, daß ein anderer an einer bestimmten Krankheit leidet, muß er wissen, ob der Betreffende die Krankheit verdient hat oder ob sie auf einen feindlichen Angriff zurückzuführen ist. Wenn der Kranke etwas Falsches getan hat, muß er natürlich nach dem Gesetz des Karma die Strafe dafür bezahlen. Wenn die Krankheit jedoch nicht vom karmischen Gesetz herrührt, sondern vom Angriff einer feindlichen Kraft, und wenn es Gottes Wille ist, daß die Krankheit geheilt wird, dann sollte ein spiritueller Mensch, der die Fähgkeit dazu hat, die Krankheit natürlich heilen. Wenn er es jedoch nach eigenem Gutdünken tut oder auf ungöttliche Weise handelt und nur angeben will, dann verstößt er gegen das kosmische Gesetz. Er heilt dann zwar den Kranken, aber diese Heilung wird sich letzten Endes sowohl gegen den Heiler wie gegen den Kranken selbst wenden. Sie wird die unwissenden und selbstzerstörerischen Eigenschaften nur noch vergrößern. Der Heiler muß also wissen, ob es der Wille Gottes ist, daß ein Kranker geheilt wird. Nur dann wird er heilen, andernfalls wird er schweigen und nichts tun. Sie fragen jetzt vielleicht, wie kann er jemanden leiden sehen und dennoch untätig bleiben? Wenn sein Herz sehr groß ist, dann soll er nach innen gehen und sehen, wer es ist, der in dem Kranken und durch den Kranken leidet. Er wird sehen, daß es Gott ist, der in dem Betreffenden und durch den Betreffenden eine Erfahrung macht.

***Svadhisthana*, das Milz-Chakra:**

Wenn man Meisterschaft über dieses Chakra besitzt, erlangt man die Macht der Liebe. Man liebt alle und wird von allen geliebt, von Menschen wie von Tieren. Hier fallen Sucher sehr oft vom Pfad des Lichts und der Wahrheit. Göttliche Liebe ist Ausdehnung, und Ausdehnung ist Erleuchtung. Liebe kann als eine Ausdehnung unseres göttlichen Bewußtseins zum Ausdruck kommen oder sie kann sich als Vergnügen ausdrükken. Wenn das Svadhisthana-Zentrum geöffnet wird, versuchen die niederen vitalen Kräfte, die sexuellen Kräfte, das Bewußtsein des Suchers herabzuziehen. Wenn der Sucher an diesem Punkt Reinheit in großem Maß vom Anahata-Zentrum, dem Herzzentrum, herabbringen kann, dann wird diese Unreinheit in Reinheit verwandelt. Und Reinheit wird letzten Endes zu ewig-erfüllender und immerwährender Göttlichkeit. Doch wenn es ihm nicht gelingt, Reinheit herabzubringen, dann bedeutet das wahre Zerstörung, die Zerstörung des Lebens des Suchers. Das niedere Vitale beginnt auf äußerst leidenschaftliche und machtvolle Weise zu wirken, und machmal wird es schlimmer als das niedere Vitale eines gewöhnlichen Menschen. Ein gewöhnlicher Mensch verfällt dem vitalen Leben nicht in dem Maße, wie es gewisse Sucher tun, nachdem sie ihr Svadhisthana-Zentrum geöffnet haben.

***Manipura*, das Nabelchakra:**

Wenn man die Meisterschaft über dieses Zentrum erlangt, besiegt man Kummer und Leiden. Was immer auch im Leben passieren mag, man wird sich nie mehr traurig oder schlecht fühlen. Aber dieses Zentrum kann genau wie das Svadhisthana-Chakra Probleme schaffen; es ist ebenfalls gefährlich. Wenn man die Macht des Manipura-Zentrums mißbraucht, kann man anderen Leid zufügen und sich den Fluch der Welt aufladen. Wie das Ajna-Chakra kann dieses Zentrum dem Sucher zeigen, wohin ein Verwandter oder ein geliebter Mensch nach seinem Tod gegangen ist. Es ermöglicht uns zu sehen, wie ein Mensch die vitale Welt durchschreitet und in die subtile Welt und die höheren Ebenen eintritt. Es zeigt uns, wie jemand nach dem Tod von einer Hülle in die andere übergeht. Dieses Zentrum gibt uns auch die Macht der Verwandlung. Man kann mit seiner Hilfe einen Gegenstand vergrößern oder ihn unendlich verkleinern. Darüber hinaus besitzt dieses Zentrum heilende Kraft. Wie ich schon sagte, ist diese Kraft ein echter Segen, wenn man sie richtig, d.h. in Übereinstimmung mit dem göttlichen Willen gebrauchen kann. Ansonsten ist sie ein Fluch.

***Anahata*, das Herzzentrum:**

Seine Macht ist unglaublich. Ein Sucher, der die Herrschaft über das Anahata-Zentrum besitzt, hat freien Zugang zu den sichtbaren und unsichtbaren Welten. Zeit unterwirft sich ihm, Raum unterwirft sich ihm. Wenn er dieses Zentrum benutzt, kann er in seinem subtilen Körper in wenigen Sekunden an jeden Ort der Erde reisen. Dabei geht er jedoch ein großes Risiko ein. Angenommen er möchte okkult und spirituell von Amerika nach Europa reisen, um zu sehen, was sich dort ereignet. Wenn er von den anderen Zentren nicht die notwendige Zustimmung oder Unterstützung dazu erhält, kann es geschehen, daß sie die Seele bei der Rückkehr nicht wieder in den Körper eintreten lassen. Ich kenne eine ganze Reihe von Fällen in Indien, in denen Yogis ihren Körper durch ihr Herzzentrum verließen, ohne die Unterstützung oder die Zustimmung der anderen Zentren erhalten zu haben und ohne sie wenigstens vorher zu informieren. Da die anderen Zentren nicht die besondere Fähigkeit des Herzzentrums besitzen, fühlen diese Yogis, sie bräuchten nur das Herzzentrum zu benützen. So werden die anderen Zentren eifersüchtig. Eifersucht gibt es überall, in der inneren Welt genauso wie in der äußeren Welt. Selbst unter den kosmischen Göttern gibt es Eifersucht. Weil sie eifersüchtig sind, lassen die anderen Zentren nun die Seele nicht mehr zurückkommen. Wenn man diese Kraft gebraucht, sollte man zuerst die Erlaubnis des inneren Führers einholen. Wenn der innere Führer seine Zustimmung gibt, können die anderen Zentren keinen Schaden mehr anrichten, da der innere Führer unendlich viel mehr Macht hat als sie.

Im Anahata-Zentrum kann man die tiefste Seligkeit des Einsseins genießen, man kann reine Freude erfahren. Jeder Mensch kann eine Blume betrachten und sich daran erfreuen, doch die Intensität der Freude, die die Blume verkörpert, kann nicht jeder fühlen. Wenn jedoch jemand, dessen Herzzentrum geöffnet ist, eine Blume betrachtet, wird all die Freude und all die Schönheit, die die Blume besitzt, sein eigen werden. Wenn der Sucher den weiten Ozean betrachtet, wird er unweigerlich in seinem Herzen den weiten Ozean fühlen. Wenn er den weiten Himmel betrachtet, tritt er in den Himmel ein und wird zum Himmel. Alles Weite, Reine, Göttliche, Erhabene, das er betrachtet, kann er unmittelbar als sein Ureigenstes erfahren und dazu werden. Es gibt keinen gähnenden Abgrund mehr zwischen dem, was er sieht, und dem, was er ist. In seinem Bewußtsein wird er zu dem, was er betrachtet.

Das ist keinesfalls nur Einbildung! Dieses Herz ist ein göttliches Herz, das das universelle Bewußtsein in sich trägt. Das spirituelle Herz ist nicht das Herz, das wir in unserem physischen Körper finden. Das spirituelle Herz ist größer als das Größte. Es ist weiter als das universelle Bewußtsein selbst. Wir sagen immer, es gebe nichts, das dem universellen Bewußtsein überlegen sei, doch das ist ein Irrtum. Das Herz, das spirituelle Herz, umfaßt das universelle Bewußtsein. Dieses Zentrum ist völlig gefahrlos, wenn wir es dazu benützen, uns mit der Weite, mit der Schönheit der Natur zu identifizieren. Wenn wir es jedoch dazu gebrauchen, außerhalb unseres Körpers zu reisen, gehen wir ein Risiko ein.

Vishuddha, das Kehlkopf-Chakra:

Wer das Vishuddha-Chakra beherrscht, hat die Fähigkeit, der Welt göttliche Botschaften zu geben. Ihm enthüllt die universelle Natur uralte verborgene Geheimnisse. Die Natur verbeugt sich hier vor dem Sucher. Er kann ewige Jugend bewahren. Die äußere Welt unterwirft sich ihm. Die innere Welt umarmt ihn. Wir erhalten ständig Botschaften von verschiedenen Bewußtseinsebenen, doch wenn man eine Botschaft vom Vishuddha-Zentrum erhält, ist diese Botschaft erhaben und ewig. Wenn dieses Zentrum geöffnet ist, erhält man unmittelbare Botschaften vom Höchsten und wird zum Sprachrohr des Höchsten. Man wird ein Dichter, ein Sänger oder ein Künstler. Alle Kunstformen kommen durch dieses Zentrum zum Ausdruck. Es ist in vielen Menschen geöffnet, doch seine Aktivität hängt vom Grad seiner Öffnung ab, vom Entwicklungsstand eines Menschen. Das Kehlkopf-Chakra birgt kaum irgendeine Gefahr; es ist ein sehr mildes Zentrum. Es greift nicht in das Wirken anderer Zentren ein, und die anderen Zentren lassen es ebenfalls in Ruhe.

Ajna, das Stirn-Chakra:

Wer dieses Chakra beherrscht, zerstört seine dunkle Vergangenheit, beschleunigt die goldene Zukunft und manifestiert die Gegenwart in einer höchst erfüllenden Weise. Seine seelischen und okkulten Kräfte kennen keine Grenzen, sie sind endlos. Das Ajna-Chakra, das etwas oberhalb der Nasenwurzel liegt, ist das machtvollste Zentrum. Wenn das dritte Auge sich öffnet — sofern das auf die richtige Weise geschieht — zerstört man damit als erstes seine unstrebsame und ungöttliche Vergangenheit. Wenn wir im Augenblick etwas sehen oder erfahren, besteht ein Unterschied zwischen unserer Erfahrung und dem Gegenstand, den wir erfahren. Wenn das Stirnchakra jedoch geöffnet ist, erfahren wir den Gegenstand selbst, wir werden eins mit dem Gegenstand unserer Erfahrung. Jetzt gehören Sehen und Werden zusammen. Sehen selbst ist Werden und Werden ist Sehen. Aus diesem Grund will der Sucher, der sein drittes Auge geöffnet hat, die Vergangenheit aus seinem Gedächtnis löschen. Nehmen wir einmal an, jemand wurde in dieser Inkarnation ein Yogi. Wenn er auf seine vorhergehenden Inkarnationen zurückblickt, sieht er vielleicht, daß er ein Dieb oder etwas noch Schlimmeres gewesen ist. Da er jetzt nicht mehr in diese Erfahrung eintreten möchte, wird er versuchen, diesen Teil seiner Vergangenheit auszulöschen. Jetzt hat er die Macht dazu.

Wenn man Gott verwirklicht, wird die Vergangenheit automatisch gelöscht. Wie ich schon sagte — wenn man das dritte Auge oder irgendein anderes Zentrum öffnet, bedeutet das noch nicht, daß man Gott verwirklicht hat. Wenn man Gott jedoch verwirklicht, wird die dunkle, unreine oder ungöttliche Vergangenheit auf einen Schlag erleuchtet und ausgelöscht. Im Augenblick der Gottverwirklichung findet Erleuchtung statt. Es ist als trete man aus einem dunklen Raum in einen erleuchteten Raum. Wo vorher alles dunkel war, wird es jetzt hell. Gottverwirklichung bedeutet unmittelbare Erleuchtung.

Mit dem Ajna-Chakra kann die Vergangenheit gelöscht und die Zukunft in die Unmittelbarkeit des Heute gebracht werden. Wenn man weiß, daß man in zehn Jahren etwas vollbringen oder zu etwas werden wird, kann man mit Hilfe des dritten Auges dieses Ergebnis schon heute erreichen. Man braucht keine zehn, fünfzehn oder zwanzig Jahre zu warten.

Doch wenn man solche zukünftigen Ereignisse zum Vorschein bringt, kann das bisweilen sehr gefährlich sein. Es gab viele, viele Fälle, wo die Zukunft eines Suchers sehr hell und leuchtend war. Doch wenn die Zukunft unmittelbar in die Gegenwart gebracht wird, erschreckt und verwirrt das Ausmaß des Ergebnisses den Sucher. Der Sucher ist wie ein junger Elefant. Mit den Jahren wird er immer stärker, und nach zehn Jahren wird er gewaltige Kraft besitzen. Doch wenn diese Kraft jetzt zum Vorschein kommt, kann die innere Empfänglichkeit dafür fehlen. Die Kraft kommt hervor, aber sie kann nicht unter Kontrolle gebracht oder in einem sicheren Gefäß eingeschlossen werden. Zu diesem Zeitpunkt wirkt diese Kraft wie ein Gegner und zerstört die Person, die sie herbeigerufen hat. Daher ist es sehr gefährlich, die Zukunft in die Gegenwart zu bringen.

Lassen Sie die Gegenwart wachsen und ihre Rolle spielen. Die Vergangenheit hat ihre Aufgabe erfüllt, jetzt ist die Gegenwart am Zug. Nur in wenigen Fällen, wenn Gott will, daß ein Sucher sehr schnellen Fortschritt macht, kann man sehr schnell laufen, anstatt systematisch voranzugehen. Es ist genau wie bei einem Schüler in der Schule. Manchmal durchläuft ein Schüler nicht alle Stufen vom Kindergarten über die Grundschule zum Gymnasium, manchmal läßt er eine Stufe aus. So ist es auch im spirituellen Leben — wenn Gott will, daß die Zukunft in die Gegenwart gebracht wird, besteht keine Gefahr. Ansonsten jedoch kann es außerordentlich gefährlich sein.

Mit dem dritten Auge kann man sehr vieles vollbringen. Das dritte Auge *besitzt*, was Gott, die höchste Macht, *ist.* Wenn diese höchste Macht vom dritten Auge mißbraucht wird, dann bedeutet das Zerstörung, völlige Zerstörung. Doch wenn das dritte Auge die höchste, transzendentale Kraft richtig und göttlich gebraucht, dann wird sie ein großer Segen sein, der größte Segen, den die Menschheit sich vorstellen kann.

***Sahasrara*, das Scheitelchakra:**

Das Sahasrara-Chakra ist das stille Chakra, das sich nirgendwo einmischt. Es ist wie das älteste Mitglied der Familie; es stört niemanden und möchte auch von niemandem gestört werden. Wenn dieses Zentrum dauerhaft geöffnet ist, genießt man unendliche Seligkeit und wird untrennbar eins mit dem ewig sich transzendierenden Jenseits. Man erkennt, daß man frei von Geburt und Tod ist. Man lebt nur noch in Unendlichkeit, Ewigkeit und Unsterblichkeit. Das sind jetzt keine vagen Begriffe mehr, sondern Wirklichkeiten. In diesem Augenblick sieht man sich als Ewigkeit und wächst in die Ewigkeit hinein, im nächsten Augenblick sieht man sich als Unendlichkeit und wächst in die Unendlichkeit hinein; einige Augenblicke später sieht man sich als Unsterblichkeit und wächst in seinem Bewußtsein in die Unsterblichkeit hinein. Und manchmal geschieht es, daß Unendlichkeit,

Ewigkeit und Unsterblichkeit sich im eigenen Bewußtsein vereinen.

Wenn das Sahasrara-Zentrum geöffnet ist, wird der innere Führer zu einem echten Freund. Hier werden das Unendliche und sein auserwählter Sohn die besten Freunde, um eine besondere Mission für ihre gegenseitige Manifestation zu erfüllen. In einem Sekundenbruchteil verraten sie einander zahllose Geheimnisse, Millionen von Geheimnissen. Auf der einen Seite genießen Vater und Sohn unendlichen Frieden und unendliche Seligkeit, auf der anderen Seite unterhalten sie sich über die Probleme der Welt, universelle Probleme, und das alles im Bruchteil einer Sekunde. Doch ihre Probleme sind keine wirklichen Probleme. Ihre Probleme sind lediglich Erfahrungen in ihrem kosmischen Spiel.

Von allen Zentren ist Sahasrara das höchste, das friedvollste, das seelenvollste, das fruchtbarste. Dort sind Unendlichkeit, Ewigkeit und Unsterblichkeit eins geworden. Die Quelle wird eins mit der Schöpfung, und die Schöpfung wird eins mit der Quelle. Hier werden der Wissende und das Gewußte, der Liebende und der Geliebte, der Sohn und der Vater eins. Gemeinsam transzendieren der Schöpfer und die Schöpfung ihren Traum und ihre Wirklichkeit. Ihr Traum läßt sie fühlen, was sie sind, und ihre Wirklichkeit läßt sie fühlen, was sie tun können. Wirklichkeit und Traum werden eins.

Konzentration, Meditation, Willenskraft und Liebe

Konzentration im Kundalini-Yoga

Ein Sucher konzentriert sich auf die Zentren, um sie zu öffnen. Dies ist ein langwieriger, mühsamer, ungewisser und gefährlicher Prozeß. Wenn die bewußten Anstrengungen des Suchers nicht groß genug sind, wird der Prozeß langwierig sein. Wenn nicht das ganze Wesen des Suchers mitarbeitet, wird der Prozeß mühsam sein. Wenn der Sucher sich auf seiner Reise mit wimmelnden Ängsten anfreundet, wird der Prozeß unweigerlich ungewiß sein. Und wenn der Sucher während der Reise mit brütenden Zweifeln Freundschaft schließt, wird der Prozeß außerordentlich gefährlich sein.

Auf allen Yogawegen benötigt man einen spirituellen Lehrer. Im Kundalini-Yoga jedoch ist ein spiritueller Lehrer von allergrößter Wichtigkeit. Wenn Sie anderen Yogawegen folgen, brauchen Sie zwar ohne Zweifel auch einen Meister, doch wenn sie keinen Meister möchten, sondern lieber wie ein indisches Ochsengespann langsam und gemächlich vorwärtsgehen wollen, schadet das nicht. Auf anderen Wegen lauern keine Gefahren. Sie werden Ihr Ziel zwar erst nach Tausenden von Jahren in einem anderen Leben erreichen, doch es ist nicht besonders gefährlich, sich ohne Führer auf die Reise zu begeben. Wenn Sie jedoch im Kundalini-Yoga keinen echten Meister als Lehrer haben, spielen Sie mit dem Feuer. Wenn sich die spirituellen Zentren, vor allem die unteren Zentren: Muladhara, Svadhisthana und Manipura, vorzeitig und ohne vollständige Vorbereitung öffnen, können sie den Sucher in größtes Unglück stürzen. Mit seiner unendlichen Weisheit verkürzt der Lehrer den langen Weg für den Schüler. Mit seinem tiefen Mitleid macht der Lehrer aus dem mühsamen und steilen Pfad für den Schüler eine leichte und ebene Straße. Mit seinem erleuchtenden Licht beseitigt der Lehrer die Ungewißheit aus dem Verstand des Schülers und ersetzt sie durch absolute Gewißheit. Mit seiner unbezwingbaren Kraft räumt der Lehrer alle Gefahren für den Schüler vom Anfang bis zum Ende seiner Reise beiseite. Er verwandelt den Weg in einen sonnenerleuchteten Pfad, auf dem der Schüler gefahrlos und ohne Hindernisse am schnellsten laufen kann.

Meditation im Kundalini-Yoga

Der Sucher meditiert auf seinen Verstand, auf sein Herz oder auf irgendetwas anderes. Doch am Anfang ist sein Hauptziel, seinen Verstand leer zu machen, ihn ruhig werden zu lassen und zum Schweigen zu bringen. Er meditiert, um seine menschliche Individualität in Gottes höchste Universalität auszudehnen. Er meditiert, um seine menschliche Persönlichkeit in Gottes unendliches und ewiges Leben auszudehnen. Eines Tages wird der Sucher entdecken, daß er Liebender und Geliebter zugleich ist. Die strebende Seele, die er verkörpert, ist der Liebende in ihm. Und das transzendentale Selbst, das er von innen her enthüllt, ist sein Geliebter.

In den ersten Jahren seines spirituellen Lebens muß der Sucher einige Regeln beachten. Er muß jeden Tag früh am Morgen zur gleichen Stunde und am gleichen Ort meditieren, an einem Ort, der vor den Störungen der äußeren Welt geschützt ist. Wenn er Glück hat, kann er beim Meditieren mit dem Gesicht zur aufgehenden Sonne sitzen. Von den Sonnenstrahlen wird dynamische Energie, kreative Kraft und die Hoffnungsbotschaft der Befreiung in den Sucher eintreten. Ehe er zu meditieren beginnt, muß er sich gut duschen, damit sein äußerer Körper sauber ist. Zum Meditieren sollte er leichte Kleidung tragen, am besten in weiß, der Farbe der Reinheit. Und er sollte Räucherstäbchen und Kerzen anzünden und Blumen vor sich hinstellen, um für die Meditation zusätzliche Inspiration zu erhalten.

Wenn der Sucher all dies befolgt, werden im Laufe der Zeit Frieden, Licht und Seligkeit auf ihn herabkommen, und zu Gottes auserwählter Stunde wird er die Stimme der Stille hören. Die Stimme der Stille wird den Sucher mit intuitiver Kraft segnen. Wenn er diese intuitive Kraft nicht nach eigenem Gutdünken, sondern in Übereinstimmung mit Gottes Willen gebraucht, wird er allmählich die Kundalini-Chakren öffnen können. Dieser Prozeß ist recht einfach, und gleichzeitig ist das Ergebnis sehr wirkungsvoll und höchst befriedigend. Der Sucher unterwirft sich dabei keiner harten Disziplin. Er konzentriert sich nicht auf jedes einzelne Zentrum, wie es andere Sucher tun. Er benutzt einfach seine intuitive Kraft. Diese intuitive Kraft kann sehr leicht und wirksam seine Zentren öffnen.

Willenskraft im Kundalini-Yoga

Spirituelle Meister höchster Ordnung öffen ihre Chakren ohne Konzentration und Meditation. Sie benutzen einfach ihre unbezwingbare und alles besiegende Willenskraft und öffnen die sieben Zentren so mühelos wie man sieben Weintrauben verspeist. Diese Willenskraft kann man das Licht der Seele oder den Atem des Geistes nennen. Sie ist eine Art göttliche Vulkankraft. Sie kann ein Zentrum in nur wenigen Sekunden öffnen. Doch diese großen spirituellen Meister folgten einst selbst dem Pfad kraftvoller Konzentration und tiefer Meditation. Ihre Konzentration und Meditation war jedoch nicht auf die Chakren gerichtet; sie konzentrierten sich auf Gottes Füße und meditierten auf Gottes Herz. Von Gottes Füßen erhielten sie Gottes unendliches Mitleid, und Gottes Herz gab ihnen Gottes grenzenlose Liebe. Während sie mit Gottes Mitleid spielten, sahen und fühlten sie, daß Sein Mitleid nichts anderes war als Seine unbezwingbare Willenskraft. Während sie mit Gottes Liebe spielten, sahen und fühlten sie, daß Seine Liebe nichts anderes war als Sein Weisheitslicht.

Als diese Meister im Laufe der Zeit die Fähigkeit erhielten, dieses grenzenlose Licht und diese grenzenlose Kraft anzuwenden, durften sie dies nur auf Anweisung des inneren Führers tun und nicht nach eigenem Gutdünken. Ein echter spiritueller Meister besitzt weniger Freiheit, im üblichen Sinn des Wortes, als ein gewöhnlicher Mensch. Ein gewöhnlicher Mensch verfügt über eine begrenzte

Entscheidungsfreiheit. Mit dieser Freiheit kann er nach Belieben Gottes Willen zuwiderhandeln. Doch ein echter spiritueller Meister hat seinen individuellen Willen dem Willen des Supreme übergeben. Er kann niemals einen persönlichen Willen haben, der sich vom göttlichen Willen unterscheidet.

Der absolute Supreme bittet den spirituellen Meister immer, zuerst von seinem Weisheitslicht Gebrauch zu machen, bevor er seine Willenskraft einsetzt. Sehr oft gebrauchen gewöhnliche Yogis und Menschen, die zum Okkultismus neigen, überhaupt kein Weisheitslicht. Sie arbeiten nur mit der Willenskraft, die vom Vitalen kommt. Willenskraft kann von der vitalen Welt, von der Seelenwelt oder vom transzendentalen Selbst kommen. Wenn wir die Willenskraft vom transzendentalen Selbst gebrauchen, sind wir sicher, vollkommen sicher. Wenn wir die Willenskraft aus dem Bereich der Seele verwenden, sind wir ebenso vollkommen sicher. Doch wenn wir die Willenskraft vom Vitalen anwenden, dem niederen, aggressiven, zerstörerischen oder selbst dem dynamischen Vitalen, dann begeben wir uns in Gefahr. Sehr oft beschwören Menschen auf diese Weise für sich und für andere Gefahren und Schwierigkeiten herauf, weil sie die vitale Kraft nicht richtig beherrschen. Ein echter spiritueller Meister jedoch benützt zuerst Gottes Weisheitslicht und erst dann Gottes Willenskraft, um die blinde Menschheit zu erleuchten und die hungrige Menschheit zu nähren.

Liebe und das niedere vitale Leben im Kundalini-Yoga

Wirkliche Liebe und das Leben des niederen Vitalen sind zwei völlig verschiedene Dinge. Konzentration ist äußere Wachsamkeit. Meditation ist innere Wachsamkeit. Konzentration sagt, daß das Leben des niederen Vitalen nicht unterdrückt, sondern sublimiert werden muß. Meditation sagt, daß das Leben des niederen Vitalen nicht nur sublimiert, sondern auch vervollkommnet, erleuchtet und befreit werden muß. Die Regungen des niederen Vitalen zu besiegen, ist keine leichte Aufgabe. Es ist nicht auf einmal möglich, sondern muß langsam und stetig geschehen. Wenn man seinem Ziel mit gleichbleibender Geschwindigkeit entgegenläuft, wird man es schließlich erreichen. Wenn man immer ein Leben der Reinheit, ein Leben des bewußten Gewahrseins und ein Leben der Selbstwidmung führt, kann das niedere Vitale in das dynamische, erleuchtete Vitale verwandelt werden, das von Gott selbst gebraucht werden kann.

Konzentration sagt uns, daß das Leben der Liebe sich nicht zwischen dem bindenden Menschlichen in uns und dem bindenden Menschlichen in anderen abspielen darf. Konzentration sagt uns weiter, daß das Leben der Liebe sich zwischen dem Göttlichen in uns und dem Göttlichen und Unsterblichen in Gott abspielen muß. Nur dann können unsere Liebe und Gottes Liebe gemeinsam erfüllt werden. Meditation sagt, daß das Leben der Liebe sich zwischen unserer Verwirklichung Gottes und Gottes Manifestation in uns abspielen muß. Meditation sagt darüber hinaus, daß das Leben der Liebe sich zwischen der transformierten und vervollkommneten Leidenschaft des Körpers und der erleuchtenden und erfüllenden Ekstase des Geistes abspielen muß.

Das Tierische in uns weiß nicht, was wirkliche Liebe ist. Das Menschliche in uns weiß ganz genau, was wirkliche Liebe ist, aber es hat das Gefühl, wirkliche Liebe sei etwas Unerreichbares. Das Göttliche in uns weiß, daß wirkliche Liebe für uns in unmittelbarer Reichweite liegt. Und es erklärt uns seelenvoll, nachdrücklich und bestimmt, was wirkliche Liebe bedeutet. Wirkliche Liebe bedeutet unaufhörliches Sich-Geben und endloses Gott-Werden.

Die meisten von Ihnen wissen einiges über Konzentration und Meditation. Ich möchte betonen, daß Sie der Konzentration und der Meditation größte Bedeutung zumessen müssen, egal welchem Pfad Sie folgen oder welchen Yoga sie praktizieren. Was verstehen wir unter Konzentration? Was tun wir, wenn wir uns konzentrieren? Wenn Sie sich konzentrieren, müssen Sie fühlen, daß nichts existiert außer dem Gegenstand der Konzentration. Wenn Sie sich konzentrieren, sollten Sie den Rest der Welt vergessen: was in Ihnen ist, was um Sie herum, vor Ihnen, über Ihnen, unter Ihnen ist. Konzentrieren Sie sich nur auf einen Gegenstand. Wenn Sie sich auf die Spitze Ihres Daumens konzentrieren wollen, beginnen Sie mit Ihrer Vorstellung. Stellen Sie sich vor, daß Ihr Daumen Ihr einziger Besitz ist.

Es gibt nichts anderes, das Sie Ihr eigen nennen können. Der Rest des Körpers gehört nicht zu Ihnen — nur der Daumen. Wenn Sie sich auf Ihre Nasenspitze konzentrieren möchten, fühlen Sie, daß nur die Nase Ihnen gehört — nicht Ihre Augen, Ihre Ohren, Ihr Mund, Ihre Arme oder Beine. Wenn Sie an etwas anderes zu denken beginnen, fühlen Sie, daß Sie fremdes Gebiet betreten. Auf diese Weise werden Sie Ihre Konzentrationskraft entwickeln.

Es steht Ihnen frei, irgendeinen Teil Ihres Körpers zu wählen, um sich darauf zu konzentrieren, doch versuchen Sie einen Teil zu nehmen, den Sie wirklich als Ihr eigen empfinden. Und konzentrieren Sie sich nicht auf Ihren Arm oder Ihre Hand oder Ihr Bein. Nehmen Sie einen kleinen Körperteil, das Auge oder die Nase oder eine Fingerspitze. Je kleiner, desto besser ist es für die Konzentration.

Wenn Sie sich auf Ihren Herzschlag konzentrieren möchten, sollten Sie keine Angst haben. Manche Anfänger befürchten, daß ihr Herz stehenbleibt und sie sterben werden, wenn sie sich auf ihren Herzschlag konzentrieren. Sie werden von unbeschreiblicher Angst überwältigt. Sie haben das Gefühl, auf der Stelle zu sterben. Sie können sich vielleicht auf alles andere konzentrieren, doch wenn es darum geht, sich auf den Herzschlag zu konzentrieren, bekommen sie furchtbare Angst. Wenn Sie jedoch ein wirklicher Held im spirituellen Leben sein wollen, sollten Sie versuchen, sich auf Ihren Herzschlag zu konzentrieren. Das ist die goldene Gelegenheit für Sie, in das endlose Leben einzutreten. Jedesmal wenn Sie Ihren Herzschlag hören, fühlen Sie sofort, daß dort Ihr unendliches, unsterbliches Leben liegt.

Wenn Sie die Kraft der Konzentration sehr schnell entwikkeln möchten, machen Sie bitte folgendes: Waschen Sie vor der Übung gründlich Ihr Gesicht und Ihre Augen. Malen Sie dann einen schwarzen Punkt auf Augenhöhe an die Wand und stellen Sie sich in einem Abstand von ca. 30 cm vor diesen Punkt. Konzentrieren Sie sich auf diesen Punkt. Versuchen Sie nach einigen Minuten zu fühlen, daß beim Einatmen Ihr Atem in Wirklichkeit von dem Punkt kommt, und daß der Punkt auch einatmet, indem sein Atem von Ihnen kommt. Versuchen Sie sich vorzustellen, daß es zwei Personen gibt: Sie und der schwarzen Punkt, den Sie an die Wand gemalt haben. Ihr Atem kommt von dem Punkt, und sein Atem kommt von Ihnen. Wenn Ihre Konzentration sehr stark ist, werden Sie innerhalb von zehn Minuten fühlen, daß etwas Sie verlassen hat. Was hat Sie verlassen? Ihre Seele. Ihre Seele hat Sie verlassen und ist in den schwarzen Punkt in der Wand eingetreten. Fühlen Sie jetzt, daß Sie und Ihre Seele sich unterhalten. Ihre Seele führt Sie in die Seelenwelt zur Verwirklichung, und Sie bringen die Seele in Ihre Welt zur Manifestation. Auf diese Weise können Sie Ihre Konzentrationskraft sehr leicht entwickeln. Doch diese Methode erfordert Übung. Es gibt viele Dinge, die durch Übung sehr leicht werden, aber weil wir nicht üben, erhalten wir auch das Ergebnis nicht.

Denken Sie immer daran, daß die Kraft der Konzentration nur dann sehr schnell entwickelt werden kann, wenn Sie sich auf einen möglichst kleinen Gegenstand konzentrieren. Die Kraft der Meditation ist etwas völlig anderes. Wenn Sie die Kraft der Meditation entwickeln wollen, sollten Sie an etwas sehr Weites denken. Denken Sie an den Himmel oder das Meer. Wenn Sie frühmorgens oder am Abend meditieren, brauchen Sie nicht unbedingt auf das Meer oder in den Himmel zu schauen, wenn Sie nicht wollen. Zuvor sagte ich, daß es außerordentlich hilfreich ist, wenn man am Morgen die aufgehende Sonne sehen kann. Wenn Sie jedoch keine Gelegenheit haben, die Sonne, den Himmel oder das Meer zu sehen, macht das nichts. Versuchen Sie, die aufgehende Sonne in Ihrem Innern zu sehen, versuchen Sie den Himmel und das Meer in Ihrem Innern zu sehen. Ihr spirituelles Herz ist unendlich viel größer als das Meer und unendlich viel weiter als der Himmel.

Wenn Sie meditieren, erwarten Sie bitte weder etwas von sich selbst noch von Gott. Wenn Sie von Ihrer Meditation nichts erwarten, werden sie den schnellsten Fortschritt machen können. Erwarten Sie nicht, daß Sie morgen das beste Instrument Gottes sein werden, oder daß Gott Sie morgen zu Seinem auserwählten Instrument machen wird. Meditieren Sie einfach auf Gottes Herz, das reines Licht ist. Und wenn Sie sich konzentrieren wollen, konzentrieren Sie sich einfach auf Gottes Füße, die reines Mitleid sind. Sie brauchen nicht Tausende von Dingen, weder von Ihrem eigenen Leben noch von Gott. Sie brauchen nur Gottes Mitleid und Gottes Licht. Wenn Sie das haben, besitzen Sie alles.

Sowohl durch Konzentration als auch durch Meditation können Sie Ihre Kundalini erwecken. Doch wenn Sie die Kundalini-Kräfte entwickeln wollen, gibt es dafür einen einfachen Prozess. Üben Sie Hatha-Yoga. Hier im Westen gibt es viele, viele Lehrer, die Hatha-Yoga lehren können und die die Übungen außerordentlich gut beherrschen. Hatha-Yoga hilft Ihnen, Ihr Körperbewußtsein zu reinigen, und Reinheit ist im Kundalini-Yoga von großer Wichtigkeit. Hatha-Yoga ist die Vereinigung der Sonnennatur und der Mondnatur: das heißt, der dynamischen und der milden Natur in uns. Die dynamische Eigenschaft ist Kraft und die milde Eigenschaft ist Schönheit. Hatha-Yoga vereinigt beide. Raja-Yoga auf der anderen Seite bedeutet die Vereinigung von Bewußtsein und Erleuchtung. Wenn Bewußtsein und Erleuchtung eins werden, kann man alles erreichen, was man erreichen will.

Falls ein Sucher nur nach Gott, Gottes Licht und der höchsten Wahrheit strebt, dann sollte dieser Sucher nur einem einzigen Pfad folgen: dem Pfad des Selbstanerbietens, dem Pfad der Selbsthingabe, dem Pfad ständigen Sich-Gebens. Wenn Sie das Unendliche, das Absolute verwirklichen wollen, dann folgen Sie dem Pfad ständiger und bedingungsloser Selbsthingabe. Wenn Sie Hatha-Yoga, Raja-Yoga, Karma-Yoga, Bhakti-Yoga oder Jnana-Yoga praktizieren und Ihr Ziel erreichen — egal auf welchem dieser Wege — wird es sein, als erhielten Sie einige der köstlichsten Mangos von einem Baum. Sie haben die Mangos gesehen und sie gepflückt, doch dem Eigentümer sind Sie nicht begegnet. Wenn Sie jedoch dem Yoga bedingungsloser Selbsthingabe folgen, in dem der menschliche Wille dem göttlichen Willen dargebracht wird, dann werden Sie dem Eigentümer des Baumes begegnen, und der Eigentümer wird Ihnen mit Freuden die Früchte aller Bäume in seinem Garten schenken.

Der Yoga der Selbsthingabe kann mit und in allen anderen Yogasystemen praktiziert werden, doch ein Sucher, der nur nach Gott strebt — Gott der unendlichen Wahrheit, Gott dem unendlichen Frieden, dem unendlichen Licht und der unendlichen Glückseligkeit — muß ganz gewiß den Yoga der Selbsthingabe üben. Diese Hingabe ist nicht die Selbstaufgabe einer trägen Person. Sie ist die Hingabe eines dynamischen, aktiven Menschen, der ständig bereit ist, sich selbst darzubringen und zu dem zu werden, zu dem Gott ihn machen möchte.

Selbstentdeckung und Transformation

Es gibt zwei Welten: die äußere Welt und die innere Welt. Wenn die Kundalini fest schläft, lebt der Mensch in der äußeren Welt. Er möchte alles besitzen, was die äußere Welt ihm zu bieten hat, und er glaubt, daß nur die Dinge der äußeren Welt ihm Befriedigung geben können.

Wenn die Kundlini erwacht ist, ist der Mensch sich völlig der inneren Welt bewußt. Er weiß, daß die äußere Welt seine inneren Bedürfnisse nicht befriedigen kann. Er hat das Potential der inneren Welt zum Vorschein gebracht und erkannt, daß er den Fähigkeiten der äußeren Welt weit überlegen ist. Er hat die verborgenen Kräfte, die okkulten Kräfte in sich selbst zum Vorschein gebracht. Entweder benutzt er nun diese Kräfte auf die richtige Weise oder er mißbraucht sie. Wenn er die Kundalini-Kräfte auf göttliche Weise gebraucht, wird er zum wahren Stolz der Höchsten Mutter. Wenn er sie aber mißbraucht, wird er zum schlimmsten Feind des verkörperten Bewußtseins des Menschen und seiner eigenen persönlichen Entwicklung.

Wir alle spielen gern, und bei unserer göttlichen Mutter und unserem göttlichen Vater ist es nicht anders. Wenn Parvati, die göttliche Mutter, und Shiva, der göttliche Vater, spielen wollen, möchten sie, daß ihr Kind mitspielt.

Doch ihr Kind liegt in tiefem Schlaf, und so warten sie eine Weile. Wenn sie schließlich das Gefühl haben, es sei höchste Zeit für das Kind aufzustehen, gibt ihm die Mutter von unten, vom Muladhara-Chakra her, liebevoll einen Schubs, und der Vater zieht es von oben, vom Sahasrara-Chakra her, zärtlich hinauf. Da steht das Kind auf.

Wenn das Kind nun in einem guten, göttlichen Bewußtsein ist, sagt es: "Es tut mir so leid, daß Ihr so lange auf mich gewartet habt. Bitte entschuldigt mich. Ich will mit Euch spielen. Kommt, laßt uns mit dem Spiel beginnen." Nun lehrt die Mutter das Kind mit ihrer dynamischen Kraft auf liebevollste Weise, das kosmische Spiel außerordentlich gut zu spielen. Und der Vater lehrt das Kind ebenso liebevoll mit seinem inneren erleuchtenden Licht und seiner Weisheit. Schließlich machen sie ihr Kind zu einem einzigartigen, vollendeten Spieler. Wenn es ein außergewöhnlich guter Spieler geworden ist, muß es gegen drei Gegenspieler zugleich kämpfen. Diese drei furchtbaren Gegner sind Dunkelheit, Unwissenheit und Tod. Zu seiner Überraschung fällt es ihm leicht, seine Feinde zu besiegen. Sein ist der immerwährende Sieg über diese gefallenen Feinde.

Wenn das Kind in einem schlechten, ungöttlichen Bewußtsein ist, wenn es von seinen Eltern geweckt wird, sagt es zu ihnen: "Laßt mich um Gottes Willen in Frieden. Ich brauche Schlaf, nichts als Schlaf. Etwas anderes will ich nicht. Ich will nicht spielen." Darauf sagen die Eltern traurig: "Schlaf weiter, mein Kind, schlaf weiter. Wir werden ohne dich spielen."

Jeder kann Kundalini-Yoga praktizieren, wenn er es aufrichtig will. Und wenn er ihn nur studieren will, muß ich sagen, daß der Kundalini-Yoga es wert ist, mit der tiefsten Ehrfurcht studiert zu werden.

Die Hauptziele des Kundalini-Yoga bestehen darin, die dynamische Existenz in der statischen Existenz zu verwirklichen, die niederen Bewußtseinsebenen in die höheren Bewußtseinsebenen überzuführen, die Knechtschaft des Endlichen in die Freiheit des Unendlichen zu verwandeln. Die dynamische Existenz ist *Shakti* und die statische Existenz ist *Shiva*. Wenn Shakti nicht in Shiva gegenwärtig ist, wird Shiva statisch bleiben. Shakti, die Mutter, ist die Kraft, doch es ist der Vater, der diese unendliche Kraft in sich trägt.

Wenn ein Sucher sich mit der Mutter-Kraft identifizieren will, muß er die Intensität seines inneren Strebens verstärken. Durch Intensität wird er eins mit der Shakti. Und um mit Shiva, dem Göttlichen Vater, völlig eins zu werden, braucht er meeresgleiche Weite.

Viele Menschen hier im Westen halten die Kräfte des Kundalini-Yoga für Aberglauben. Diese Menschen irren sich völlig. Die echten spirituellen Meister haben den Kundalini-Yoga geprüft und durch ihre eigenen Erfahrungen die unleugbare Authentizität dieser verborgenen okkulten Kräfte bestätigt gefunden.

Gesegnet ist derjenige, der Kundalini-Yoga als einen Teil seiner Selbstentdeckung praktiziert und nicht, um die

Macht der Hypnose, der schwarzen Magie oder anderer niederer Formen des Okkultismus zu erwerben, die in der vitalen Welt und von der vitalen Welt aus wirken. Ein echter Schüler des Kundalini-Yoga versucht, die Macht des Vitalen und die spirituelle Erkenntnis in vollkommener Harmonie mit dem sich entwickelnden Geist des Lebens miteinander zu vereinen. Ein echter Sucher betrachtet die verborgenen Mächte oder okkulten Kräfte niemals als sein Ziel. Ihm ist nur Gott wichtig. Er sehnt sich nur nach der liebenden Gegenwart Gottes in seinem Leben.

Die Kundalini-Kraft ist die dynamische Kraft in uns. Wenn dynamische Kraft und spirituelle Erkenntnis Hand in Hand gehen, dämmert die vollkommene Harmonie des universellen Bewußtseins und die bewußte Evolution der menschlichen Seele erreicht das transzendentale Selbst.

Es gibt zwei Möglichkeiten, den Pfad des Kundalini-Yoga zu betreten: durch den tantrischen Prozeß und durch den vedantischen Prozeß. Der tantrische Ansatz ist systematisch und ausgefeilt, aber gleichzeitig auch relativ gefährlich. Der vedantische Prozeß ist einfach und mystisch, doch er ist sicher und in keiner Weise weniger überzeugend oder weniger erfüllend.

Die tantrische Methode ist gefährlich, weil sie sich zuerst mit dem niederen Vitalen und dem emotionalen Leben befaßt. Dieser Ansatz ist dynamisch und mutig. Entweder man reinigt sich, indem man mutig die vitale Welt betritt und siegreich wieder aus ihr hervorkommt, oder man verliert sich völlig in der Unwissenheit der vitalen Welt, wenn man innerlich nicht stark genug ist, die vitalen Kräfte dieser Welt zu überwinden.

Der vedantische Weg ist sicher, weil der Sucher sich dort konzentriert und meditiert, um sein Bewußtsein zu heben, zu reinigen und zu erleuchten, bevor er versucht, sich mit den dunklen und unreinen niederen vitalen Kräften auseinanderzusetzen, die ihn zu binden versuchen. Wenn der Sucher mit dem Licht der Erleuchtung in die niedere vitale Welt eintritt, sieht er zu seinem großen Erstaunen, daß das niedere Vitale erleuchtet, gereinigt und vergöttlicht ist.

Der tantrische Prozeß verlangt vom Sucher ständiges und bewußtes Gewahrsein der inneren und aufwärtssteigenden Bewegung vom Muladhara-Chakra zum Sahasrara-Chakra. Der vedantische Prozeß verlangt vom Sucher bewußtes und ständiges Gewahrsein des sich entwickelnden und befreienden Bewußtseins.

Wenn jemand von Ihnen Kundalini-Yoga praktizieren möchte, rate ich diesem Sucher, der vedantischen Methode zu folgen, die ungefährlich und zuverlässig ist. Wenn Sie der vedantischen Methode folgen, werden Sie das Ziel mit Bestimmtheit sicher und gefahrlos erreichen.

Mutter, wenn ich mich an Dich verliere

Mutter, wenn ich mich an Dich verliere,
    Ist dies mein einziger Sieg.
Was immer ich in Deine Hände lege,
Ist allein mein Gewinn.
Der Rest ist wertlos für mich,
Nichts als Verschwendung.
Es quält mich nur
Und steht als Hindernis auf meinem Weg.
Ich kann es nicht nutzen.
Ich weiß, wenn ich mich an Dich verliere,
Nachdem ich
    Meine volle Verwirklichung erlangt habe,
    Werde ich meinen größten Lohn erhalten.

Geschichten

Vivekananda bewies die Aufrichtigkeit seines inneren Schreis nach Wahrheit, nach Gott, nach dem Licht. Vivekananda, der damals noch Naren hieß, erhielt einst von seinem spirituellen Meister Sri Ramakrishna ein großes Geschenk angeboten. Sri Ramakrishna sagte zu ihm: "Naren, du weißt, daß ich mich den härtesten spirituellen Disziplinen unterzogen habe. Ich bete ständig zur Mutter Kali und verehre Gott. Ich habe alles getan, was notwendig ist, und jetzt bin ich mit okkulter Kraft gesegnet. Doch du weißt, daß ich mir nichts aus äußeren Errungenschaften mache. Ich achte nicht einmal auf die Kleider, die ich trage; ich lebe die meiste Zeit in meiner eigenen Welt. Daher möchte ich Mutter Kali sagen, daß ich dir gerne meine ganze okkulte Kraft geben will. Du wirst sie gebrauchen können, wenn du für die ganze Welt wirst arbeiten müssen."

Naren fragte sofort: "Meister, bitte sag mir, ob diese Kraft mir in irgendeiner Weise helfen wird, Gott zu verwirklichen?"

Sri Ramakrishna sagte: "Nein, nein! Du weißt, daß okkulte Kraft nichts mit Gottverwirklichung zu tun hat. Doch wenn du Gott verwirklicht hast und eine Zeit lang in der Welt wirken und Gott auf der Erde manifestieren willst, dann kann diese Kraft für dich eine große Hilfe sein."

Narens unmittelbare Antwort war: "Das Wichtigste kommt immer zuerst. Zuerst möchte ich Gott verwirklichen. Wenn du und Gott mir dann okkulte Kräfte geben wollen, damit ich sie für die Menschheit gebrauche, werde ich sie annehmen. Doch im Augenblick will ich nur Gott. Gott kommt in meinem Leben an erster Stelle."

Ramakrishna war höchst erfreut über seinen Lieblingsschüler. Er sagte zu den anderen Schülern: "Schaut euch meinen Naren an. Schaut, was für ein Beispiel er euch gibt. Ihr müßt eure ganze Aufmerksamkeit zuerst auf Gott richten, nur auf Gott. Das ist der einzige Weg, wie ihr Gott verwirklichen könnt. Okkulte Kräfte sind völlig zweitrangig."

Die meisten spirituellen Meister baten ihre Schüler, sich nicht um die verborgenen Kräfte der Kundalini zu kümmern. Wenn einem Schüler nur an der Wahrheit, nur am Licht liegt, wird er in seinem inneren Leben wirklichen Fortschritt machen.

Wir praktizieren Kundalini-Yoga, um die eine oder andere Kraft zu erhalten. Doch wenn wir auf Gott meditieren und Gott den Schöpfer zufriedenstellen, wird Er uns Seine gesamte Schöpfung geben, wenn Er will. Wenn wir zu allererst den Schöpfer wollen und nicht Seine Schöpfung, dann werden wir den Schöpfer erhalten. Und wenn wir erst einmal den Schöpfer haben, wird die gesamte Schöpfung ebenfalls zu unserer Verfügung stehen. Wenn wir nach einem winzigen Teil der Schöpfung schreien, werden wir ihn verhältnismäßig leicht erhalten. Doch der unendliche Reichtum des Schöpfers wird uns vorenthalten bleiben, und wir werden mit dem winzigen Stück zufrieden sein müssen, um das wir gebeten haben.

Es gibt eine berühmte indische Geschichte, die von zwei Brüdern handelt. Der ältere Bruder ging von zuhause fort, um im Wald sehr intensiv zu beten. Nach zwölf Jahren kehrte er wieder zurück. Sein jüngerer Bruder war überglücklich, ihn wiederzusehen und bat ihn: "Bitte, bitte zeige mir etwas von deiner okkulten Kraft. Du hast zwölf lange Jahre lang Yoga geübt, während ich ein gewöhnliches Leben geführt habe. Bitte zeige mir, was du erreicht hast."

Der ältere Bruder sagte zu ihm: "Komm mit mir." Gemeinsam gingen sie ins Dorf und zum Fluß hinunter. Am Ufer des Flusses setzte sich der ältere Bruder nieder und versank in tiefe Meditation. Nach einer Weile stand er auf und schritt auf dem Wasser über den Fluß.

Sofort winkte der jüngere Bruder den Fährmann heran, gab ihm eine Münze und ließ sich schnell über den Fluß rudern. Als sie am anderen Ufer wieder zusammentrafen, sagte der jüngere Bruder: " Du hast dich zwölf Jahre lang für etwas abmühen müssen, für das ich nur fünf Minuten brauche! Ist das das Ergebnis jahrelanger spiritueller Disziplin und Askese? Schande, Schande, Schande!"

Der ältere Bruder erkannte, daß er seine zwölf Jahre töricht vergeudet hatte. Er ging noch einmal von zuhause fort, doch dieses Mal nur, um nach der Wahrheit zu streben, nach dem Licht, nach Gott.

Wenn wir nach Wahrheit und Licht schreien, erhalten wir beides, doch unser Schrei muß außerordentlich aufrichtig, hingebungsvoll und seelenvoll sein. Wenn wir nicht aufrichtig sind, wenn wir nicht rein sind, wenn wir nicht spirituell sind, dann ist die Kraft der Kundalini sinnlos. Hier ist eine weitere wahre Geschichte.

Als ich erst neuneinhalb Jahre alt war, sah ich auf meinem Nachhauseweg von der Schule eine große Menschenmenge. Natürlich ging ich hin um zu sehen, was los war. Einer der Zuschauer sagte mir, daß ein junger Mann, der drei Tage lang begraben war, gerade dabei war, wieder aus dem Grab zu steigen. Zu meinem Erstaunen kam er einige Minuten später tatsächlich heraus, völlig unbeschadet. Doch was tat er als erstes? Sobald er aus der Erde herausgekommen war, legte er seinen Arm um seine

Freundin und ging davon. Sein vitales Leben ging uneingeschränkt weiter.

Durch Kundalini-Yoga hatte er die Kraft erhalten, viele Tage lang unter der Erde zu bleiben. Doch was nützte ihm das? Es lag ihm nichts daran, sein vitales Leben zu reinigen. Er führte ein ganz gewöhnliches Leben, ein tierisches Leben. Diese Kraft inspirierte weder ihn noch irgendjemand anderen, ein besseres Leben zu führen. Er benutzte sie nur, um Wunder zu vollführen. Wenn die Kundalini jedoch richtig gebraucht wird, kann sie etwas höchst Bedeutungsvolles vollbringen. Sie kann das Bewußtsein der Menschheit heben. Kundalini-Kraft hat die Fähigkeit, das Bewußtsein der Menschheit zu erwecken und zu erleuchten, wenn sie auf die richtige Weise angewandt wird.

Es gibt höhere Okkultisten und niedere Okkultisten. Die niederen Okkultisten kämpfen in der vitalen Welt um okkulte Kraft. So wie Menschen in der äußeren Welt um Macht kämpfen, so kämpfen unerleuchtete Okkultisten in der inneren Welt, der vitalen Welt, ebenfalls um Macht. Wenn ein Okkultist fest schläft, kann ein anderer kommen, ihn okkult angreifen und versuchen, ihm seine okkulte Kraft wegzunehmen. Das ist einst einem meiner Onkel mütterlicherseits passiert. Zum Glück war mein

Onkel stärker als der Okkultist, der ihn angriff, und er besiegte ihn.

Doch die höheren, die spirituellen Okkultisten, würden so etwas nie tun. Und auch wenn spirituelle Meister, die wirklichen Yogis, okkulte Kräfte besitzen, versuchen sie nicht, andere spirituelle Meister anzugreifen oder zu besiegen, um ihre okkulte Macht zu vergrössern. Allerdings nehmen spirituelle Meister manchmal unklugen Suchern okkulte Kraft weg. Manchmal sehen sie, daß ein Sucher im Grunde aufrichtig ist, doch er hat ein wenig okkulte Kraft erlangt und ist dabei, sie zu mißbrauchen. Aus ihrem unendlichen Mitleid heraus können die Meister dann solchen unglücklichen Suchern ihre okkulte Kraft wegnehmen, damit sie wieder zu ihrem spirituellen Leben zurückfinden und die höchste Wahrheit verwirklichen. Wenn die Zeit reif ist und die Sucher bereit sind, ihre okkulte Kraft weise zu gebrauchen, geben die Meister sie wieder zurück.

Bei mindestens einer Gelegenheit nahm Sri Ramakrishna auf die ausdrückliche Anweisung von Mutter Kali einer oder zwei Personen ihre okkulte Kraft weg. Sri Ramakrishna brauchte ihre okkulte Kraft nicht, denn er besaß selbst okkulte Kraft in grenzenlosem Maß. Er nahm diesen Suchern diese Kraft nur zu ihrem eigenen spirituellen Wohl weg. Diese Sucher waren im Grunde aufrichtig. Sie hatten die Fähigkeit, nach der höchsten Wahrheit zu schreien, doch sie wurden durch ihre okkulte Kraft abgelenkt und schenkten ihrem wirklichen spirituellen Leben keine Aufmerksamkeit mehr.

Im Falle eines anderen spirituellen Meisters begannen er und sein jüngerer Bruder fast zur selben Zeit mit Yoga. Doch als der ältere Bruder eine Shakti annahm, die ihm bei seiner spirituellen Arbeit helfen sollte, verließ ihn der jüngere Bruder und gründete einen eigenen Ashram. Er besaß auch ein wenig okkulte Kraft, doch als er begann, sie zu mißbrauchen, nahm sie ihm sein älterer Bruder weg. Nun schrieb der jüngere Bruder flehentliche Briefe an seinen älteren Bruder und klagte: "Ich weiß, daß du unendlich viel mehr okkulte Kraft besitzt als ich. Warum hast du mir dann das bißchen okkulte Kraft, das ich habe, weggenommen?" Doch der ältere Bruder antwortete: "Ich habe es zu deinem eigenen spirituellen Wohl getan. Auch wenn du mich verlassen hast, habe ich immer noch grenzenlose Anteilnahme für dein spirituelles Leben. Ich will, daß du das Höchste verwirklichst. Ich möchte nicht, daß du deine Zeit damit verschwendest, mit deiner okkulten Kraft anzugeben und dadurch deine ganze Spiritualität und all deine göttlichen Möglichkeiten zu verlieren."

Lassen Sie mich eine Geschichte über den Mißbrauch okkulter Kräfte erzählen. Vor etwa hunderfünfzig Jahren lebte ein spiritueller Meister namens Matsyendranath. Sein Lieblingsschüler hieß Gorakshanath. Als Matsyendranath erkannte, daß Gorakshanath ebenfalls eine spirituelle Größe werden würde, sagte er zu ihm: "Schau, zwei Löwen können nicht in derselben Höhle leben. Wir sollten ab jetzt nicht mehr zusammenbleiben. Du solltest woanders hinziehen. Du hast die Fähigkeit dazu, du solltest nun die Welt führen, wie ich sie führe."

Gorakshanath war darüber sehr unglücklich, doch er mußte dem Befehl seines Meisters gehorchen. So verließ er Matsyendranath und blieb sechs Jahre fort. Nach Ablauf der sechs Jahre kehrte er zu dem Ort zurück, an dem er sich von seinem Meister getrennt hatte. Als er dort ankam, fragte er seine spirituellen Brüder und die Leute in der Nachbarschaft, ob sie wüßten, wo sich sein Meister aufhielt. Sie antworteten alle: "Wir können dir nicht verraten, wo dein Meister ist."

Gorakshanath bat sie inständig und sagte, daß er seinen Meister sechs Jahre lang nicht gesehen hätte und daß er Matsyendranaths Lieblingsschüler sei, doch alle erwiderten: "Nein! Du bist nicht sein Lieblingsschüler. Du machst dich nur wichtig. Und wenn du tatsächlich sein Lieblingsschüler bist, dann solltest du auf seinen Befehl hören. Er sagte uns, daß niemand erfahren dürfe, wo er sich aufhält." Und sie weigerten sich, Gorakshanath zu verraten, wo sein Meister war.

Schließlich wurde Gorakshanath wütend. Er sagte: "Jetzt werde ich euch verfluchen. Zwölf Jahre lang werdet ihr keinen Regen erhalten. Das bedeutet keine Ernten, keine Nahrung, kein Trinkwasser. Wenn ihr hierbleibt, werdet ihr alle verhungern. Nur unter der Voraussetzung, daß mein Meister hierher zurückkommt, wird dieser Fluch vor Ablauf der zwölf Jahre aufgehoben werden."

Die Dürre setzte sofort ein. Als die Situation ernst wurde, kam der König des betreffenden Gebietes zu Gorakshanath und bat ihn eindringlich, den Fluch aufzuheben, doch Gorakshanath weigerte sich. Die Dürre hielt weitere zweieinhalb Jahre an. Als die Nachricht von Gorakshanaths Fluch schließlich Matsyendranath erreichte, kehrte er sofort zurück. Da begann es wieder zu regnen. Matsyendranath trat vor Gorakshanath und sagte: "Ich bin so glücklich, dich wiederzusehen!"

Gorakshanath erkannte augenblicklich seine Dummheit. "Vergib mir, Meister," bat er. "Ich schäme mich für das, was ich diesen Menschen angetan habe."

Doch Matsyendranath sagte zu seinem Lieblingsschüler: "Du hast nichts Falsches getan. Diese Leute waren alle verdorben, sie verdienten diese Strafe. Sie wird ihnen helfen, ein besseres Leben zu führen."

"Aber das wußte ich nicht," wandte Gorakshanath ein. "Ich wollte sie nur bestrafen. Ich war zornig. Meine Handlung war schlecht, weil mein Motiv schlecht war."

"Ich erfinde keine falsche Rechtfertigung für dein Handeln," sagte Matsyendranath. "Deine Seele wußte, daß sie eine Strafe verdienten. Was du getan hast, war richtig."

Wenn der Meister die Kraft seines Mitleids anwendet, benützt er sie, um seine Schüler zu beschützen und ihre Fehler zu korrigieren. Der Meister will letzten Endes von seinen Schülern Vollkommenheit. Mitleid ist das Mittel. Vollkommenheit ist das Ziel."

Derselbe Meister und derselbe Schüler hatten noch eine andere bedeutsame Erfahrung. Gorakshanath war von ungeheurem Stolz erfüllt, weil er die Wahrheit verwirklicht und okkulte Kräfte erlangt hatte, und so wollte ihm Matsyendranath zeigen, daß der Gebrauch okkulter Kräfte sehr gefährlich sein kann. Hier ist die Geschichte von dieser Begebenheit.

Einst kam ein Yogi zu Gorakshanath und begann, ihn und seinen Meister Matsyendranath zu beleidigen. Gorakshanath sagte zu ihm: "Wage es nicht, auf diese Art und Weise über meinen Meister zu sprechen! Ich besitze gewaltige okkulte Kräfte!"

Der Yogi forderte ihn heraus: "Zeige mir deine okkulte Kraft!"

Gorakshanath sagte: "Hier ist ein Messer. Wenn du mich damit an irgendeiner Stelle meines Körpers stichst, wirst du mich nicht verletzen können. Das ist meine Kraft."

Der Yogi begann, auf Gorakshanath einzustechen, doch er konnte ihm nicht einmal ein Haar krümmen. Darauf sagte der Yogi zu ihm: "Nun gut. Jedesmal, wenn ich nach dir gestochen habe, gab es ein Geräusch. Obwohl du nicht verletzt wurdest, riefen meine Stiche ein Geräusch hervor. Doch wenn du mich mit demselben Messer stichst, wirst du mich nicht nur nicht verletzen können, sondern es wird dir auch nicht gelingen, irgendeinen Laut zu erzeugen."

Gorakshanath begann, mit dem Messer auf den Yogi einzustechen, und die Behauptung des Yogi erwies sich als wahr. Es war nicht das Geringste zu hören. Der Yogi sagte zu Gorakshanath: "Wenn man sich mit dem Unendlichen identifiziert, erzeugt ein Hieb kein Geräusch. Das zeigt, daß ich dir an okkulter Kraft überlegen bin." Zufrieden mit seinem Sieg ging der Yogi davon.

Matsyendranath war an einem anderen Ort, als dies passierte, doch Gorakshanath konzentrierte sich tief auf ihn, um mit ihm über diese Erfahrung zu sprechen. Seine innere Schau sagte ihm, daß Matsyendranath sich in einem Ashram in Mayapuri, der Stadt der Täuschungen, aufhielt. Zu seiner großen Überraschung sah er seinen Meister umgeben von vielen schönen Mädchen. Sie tanzten um ihn herum und er genoß das vitale, das emotionale Leben. Gorakshanath sagte zu sich selbst: "Wie ist das möglich? Vielleicht täuscht mich meine Vision." Erneut konzentrierte sich Gorakshanath und sah wieder dieselbe Szene. "Mein Meister ist gefallen!" dachte er. "Er ist umgeben von so vielen schönen Mädchen, die singen und tanzen. Er genießt alle Arten von vitalem Leben. Ich muß ihn retten!"

Und Gorakshanath öffnete sein Herzzentrum und versetzte sich okkult in den Ashram in Mayapuri. Am Tor fragte er nach seinem Guru. Der Torhüter sagte: "Matsyendranath? Dein Guru? Er ist gefallen. Was ist er gewesen und was ist er jetzt! Ich kann gar nicht glauben, wie tief er gefallen ist."

Gorakshanath wollte sofort hineingehen und seinen Guru retten, doch die Frauen wollten ihn nicht an Matsyendranath heranlassen. Gorakshanath mußte seine okkulte Kraft gebrauchen, um selbst eine schöne Frau zu werden und mitzusingen und zu tanzen. Als er sich Matsyendranath in Verkleidung einer Tänzerin näherte, konnte Matsyendranath seinen Schüler nicht erkennen. Nun mußte Gorakshanath seine okkulte Kraft gebrauchen, um mit seinem Meister zu sprechen.

"Meister, was tust du hier?" rief er. "Was führst du hier für ein Leben? Du bist eine gottverwirklichte Seele. Warum bist du hier und genießt das vitale Leben?"

Sofort rief Matsyendranath: "Oh, ich bin gefallen! Ich bin so tief gefallen! Rette mich!" Gorakshanath benutzte seine okkulte Kraft und nahm Matsyendranath mit sich fort von Mayapuri. Als sie sechs oder sieben Meilen entfernt waren, kam Matsyendranath aus der Maya, der Täuschung, heraus und war frei. Schüler und Meister legten zweitausend Meilen zurück, bis sie Matsyendranaths Ashram in

Nordindien erreichten. Dort sah Gorakshanath, daß Matsyendranath zwei spirituelle Körper besaß. Ein Körper war mit ihm auf okkulte Weise geflogen, während der andere sich unmittelbar vor ihm an ihrem Ziel befand. Kurz darauf trat der Meister, der mit ihm geflogen war, in den anderen Meister ein, der vor ihm stand. Und plötzlich sah Gorakshanath, daß viele der Schüler des Meisters ihn umringten. Er fragte einen von ihnen: "War unser Meister einige Jahre lang weg gewesen?"

"Nein," antwortete der Schüler. "Während der letzten Jahre war der Meister immer hier und wir waren alle mit ihm zusammen."

"Wie ist das möglich?" fragte Gorakshanath. "Meister, bitte erkläre mir die Erfahrung, die ich gerade durchgemacht habe. Ich kann das Geheimnis nicht ergründen, was wirklich geschehen ist."

Matsyendranath erwiderte: "Ich mußte all das nur für dich tun. Du verfügtest über alle Arten okkulter Kraft, doch dein Stolz war zu groß. Du warst sehr asketisch und hart in deinem spirituellen Leben. Du hast auf Frauen herabgesehen. Ich habe dir mehrfach gesagt, daß du dein Leben nicht würdest vervollkommnen und verwandeln können, indem du auf Frauen herabschaust. Dir war nichts an der Befreiung der Frauen von der Unwissenheit gelegen. Du glaubtest, daß Frauen eine offene Tür zur Hölle sind und die Ursache aller Probleme im Leben der Männer, vor allem vitaler Probleme. Doch das ist nicht wahr. Es sind die Unvollkommenheiten der Männer selbst, die Probleme schaffen. Männer haben Schwächen, und wenn sie ihre Schwächen auf Frauen projizieren, haben sie das Gefühl, daß Frauen die Ursache all ihrer Probleme sind. Männer wie Frauen sind Geschöpfe Gottes, und sie beide müssen die Regungen des niederen Vitalen überwinden. Von Anfang an habe ich dir immer gesagt, daß man Frauen nicht meiden darf. Man muß ihnen helfen, sie aus dem Sumpf der Unwissenheit zu befreien.

Du bist mein bester Schüler. Ich gab dir alle Arten okkulter Kraft, doch du wurdest von diesem Yogi besiegt, nur wegen deines Stolzes. Jetzt, da du gedemütigt wurdest, jetzt, da dein Stolz gebrochen wurde, möchte ich dir etwas sagen. Obwohl du mein Schüler bist und obwohl du gegen den Yogi verloren hast, wirst du in naher Zukunft sowohl ihn als auch mich übertreffen. Heute bist du mein Schüler, doch morgen schon werde vielleicht ich dein Schüler sein. Weil du heute deinen Stolz überwunden hast, weil du heute die Wahrheit auf göttliche Weise siehst, wird dein gewaltiges Potential nun zum Vorschein kommen können. Du wirst uns mit Sicherheit übertreffen. Als du zu einer Frau wurdest, um dich mir nähern zu können und mir zu helfen, lerntest du, Frauen nicht zu meiden. Du erkanntest schließlich, daß Männer und Frauen gemeinsam auf das transzendentale Ziel zugehen müssen. Jetzt, da du diese Wahrheit gelernt hast, gibt es nichts mehr, was ich dich lehren kann. Alles was ich habe, habe ich dir gegeben, und durch die Gnade des Höchsten Herrn hast du mich übertroffen." Darauf faltete Matsyendranath seine Hände und verbeugte sich vor seinem Schüler.

Kundalini-Yoga ist der Yoga der Shakti, der Kraft der höchsten Göttin. Wir müssen den Mutteraspekt schätzen und in jeder Frau die spirituelle Mutter sehen. Es gab eine Zeit, da man zu sagen pflegte, daß Frauen nicht für das spirituelle Leben geeignet seien. Diese Zeit ist vorbei. Heute ist es klar, daß Männer und Frauen gleichermaßen spirituell streben können. Frauen können für den Fortschritt des Mannes niemals ein Hindernis sein, sofern der Mann das Streben der Frauen gebührend achtet. Das Streben und die Widmung der Frau kann völlig harmonisch mit dem Streben und der Widmung des Mannes einhergehen. Im Kundalini-Yoga ist es die Mutter, die Göttliche Mutter, die erfüllt und befreit. Wenn die Göttliche Mutter den Mann und die Frau aus den Fängen der Unwissenheit befreit, fühlt sie, daß sie ihre Aufgabe erfüllt hat. Kundalini ist die Kraft der Shakti, und jede Frau verkörpert die transzendentale Shakti, die Mutter-Kraft.

Durch unsere seelenvolle Hingabe an die höchste Mutter in uns, die Kundalini, können wir unsere irdische Existenz befreien und uns aus der Unwissenheit lösen. Durch unsere ständige Hingabe an den Willen der höchsten Mutter in uns können wir uns selbst erfüllen.

Jedem von Ihnen anerbiete ich meine tiefste Dankbarkeit. Sie sind mit äußerster Aufrichtigkeit hierhergekommen, um etwas über die Kraft der Mutter zu erfahren. Nichts gibt mir größere Freude, als all Ihren strebenden Seelen dienen zu können. Einige von Ihnen folgen dem Pfad des Kundalini-Yoga, einige folgen anderen Wegen. Es gibt unterschiedliche Wege, doch alle führen uns zum selben höchsten Ziel. Was wir brauchen, ist Aufrichtigkeit. Was wir brauchen, ist Reinheit. Was wir brauchen, ist ein bewußter und ständiger innerer Schrei. Dann wird das Ziel, das transzendentale Ziel, in greifbare Nähe rücken.

Wie lange noch?

Wie lang noch soll ich weinen, Mutter?
Wie lang noch soll ich schreien,
  Allein in einem dunklen Raum
  Voll Liebe zu Dir?
Du kennst meine geheimen Gedanken,
Du kennst die Sehnsucht meines Herzens.
Warum quält mich dunkler Tod jeden Tag?
Wie lang noch wirst Du
  Auf Dich warten lassen, Mutter?
Wie lange noch?
Wie Jesus Maria hatte,
So bist Du meine Welt-Mutter.

Fragen und Antworten

Frage: Befinden sich die Chakren in unserem Körper?

Sri Chinmoy: Die Chakren sind in unserem Subtilkörper. *Sthula Sharira* ist das Grobphysische, und im grobphysischen Körper befindet sich *sukshma Sharira*, der Subtilkörper. Im subtilen Körper wiederum ist *karana Sharira*, der Kausalkörper. Diese Körper sind völlig voneinander verschieden, doch sie sind alle Mitglieder derselben Familie. Der Subtilkörper kann durch das Physische wirken, und der Kausalkörper, der in Samenform vorhanden ist, kann auch in und durch den Subtilkörper und den physischen Körper wirken. Der Kausalkörper ist zwar wie eine winzige Pflanze, doch diese Pflanze kann zu einem Banyanbaum heranwachsen, der nach einigen Jahren dann Tausende von Früchten trägt. Das Potential des Samens ist unendlich.

Die Chakren sind nun allerdings nicht nur im subtilen Physischen sondern auch im Universum. Einigen Meistern zufolge ist das spirituelle Herz das ganze Universum, und sie sind sogar so weit gegangen zu sagen, daß das Universum im Herzen enthalten sei. Nichts sei jenseits oder außerhalb des Herzens.

Frage: Gibt es spezielle Mantren, mit denen man die verschiedenen Zentren öffnen kann?

Sri Chinmoy: Ja, zu jedem Zentrum gehört eine bestimmte Gottheit, und diese Gottheit können wir anrufen, indem wir ihren Samenklang wiederholen. Jeder Klang verkörpert einen anderen Bewußtseinszustand. Am unteren Ende der Wirbelsäule befindet sich das *Muladhara*-Chakra. Sein Samenklang ist *Lam*. Wenn du die Silbe *Lam* wiederholen kannst, während du deine Aufmerksamkeit auf das untere Ende deiner Wirbelsäule richtest, wirst du nach einer gewissen Zeit okkulte Kräfte erhalten. Einige Zentimeter höher liegt das *Svadhisthana*-Chakra. Für dieses Zentrum kannst du das Mantra *Vam* wiederholen, ein sehr machtvolles Mantra. Wenn du dich auf das Nabelzentrum, das *Manipura*-Chakra, konzentrierst, kannst du das Wort *Ram* wiederholen. Wenn du es richtig machst, wirst du um dich herum spirituelles Feuer sehen. Danach kommt das Herzchakra, *Anahata* genannt. Hier kannst du *Yam* wiederholen. Während du die vorhergehenden Mantren kraftvoll singen konntest, muß dieses Mantra langsam und sanft wiederholt werden. Wenn du dich jedoch auf dein Herz konzentrieren willst, ohne dem Pfad des Kundalini-Yoga zu folgen, kannst du auch *Supreme* singen. Das nächste Zentrum ist das Halszentrum, das *Vishuddha*-Chakra. Wenn du dort *Ham* singst, wirst du die Macht der Rede und des künstlerischen Ausdrucks erhalten. Und schließlich kommen wir zum *Ajna*-Chakra. Hier ist das Samenwort *Aum* (Om). Welches Mantra ihr auch wiederholt, ihr solltet dabei immer fühlen, daß ein

Strom eure Wirbelsäule durchfließt und daß alle Zentren in ekstatische Schwingung versetzt werden.

Frage: Kann man an irgendeinem Zeichen erkennen, wenn ein Zentrum sich öffnet?

Sri Chinmoy: Es gibt ein Zeichen, aber man bemerkt es oft nicht. Das Zentrum nimmt am Anfang die Form eines Viertelkreises an und wird dann zu einem vollen Kreis. Wenn es sich sehr, sehr schnell zu drehen beginnt, bedeutet das, daß es kurz davor steht, sich zu öffnen. Man hat den Eindruck, ein Rad zu sehen, das sich unaufhörlich dreht. Wenn das Zentrum dann geöffnet ist, spürt man, wie die Kundalini-Kraft emporsteigt. Manche Sucher sagen, daß sie wie eine Schlange emporschnellt, bei anderen scheint sie zu krabbeln wie eine Ameise oder zu springen wie ein Frosch.

Es gibt keine feste Regel, welche Art von Erfahrung ein Sucher erhalten wird. Man kann alles erwarten. Wenn die Chakren geöffnet sind, wird man es sofort wissen. Es ist als wenn man eine Tür öffnen würde. Im Augenblick ist die Tür geschlossen und von innen oder außen verriegelt. Doch wenn sie einmal offen ist, wirst du wissen, was in dem Raum dahinter ist. Wenn die Tür zu deinem dritten Auge geöffnet ist, wirst du die Vergangenheit, die Gegenwart und die Zukunft sehen können. Du wirst die Macht des Hellsehens erhalten. Mehr noch, du wirst sehen, daß du mit dem Hellsehen auch die Macht des Hellhörens besitzt. Wenn dein Herzzentrum geöffent ist, wirst du automatisch das Gefühl universellen Einsseins haben. Du berührst etwas und augenblicklich identifizierst du dich mit ihm und fühlst dein Einssein mit ihm. Du wirst einen Menschen anblicken und mit seinem Leiden oder seiner Freude oder irgendeinem anderen Zustand, in dem er sich befindet, eins sein. Wenn ein bestimmtes Zentrum geöffnet wird, erhältst du die Eigenschaften dieses Zentrums. Du wirst also bemerken, wenn ein Zentrum geöffnet ist. Oft lesen Leute jedoch Bücher, versuchen zu meditieren und haben sofort das Gefühl, ihre Zentren seien geöffnet. Das ist reine Einbildung. Die Zentren zu öffnen ist keine leichte Sache, es verlangt sehr viel ernsthafte Übung.

Frage: Was geschieht, wenn wir die Zentren öffnen, bevor unser System gereinigt ist?

Sri Chinmoy: Wenn man die Chakren öffnet, ohne vor allem das niedere Vitale gereinigt zu haben, kann man sein inneres Gleichgewicht verlieren und verrückt oder geistesgestört werden. Viele Menschen sind verrückt geworden, weil sie die Chakren geöffnet haben, bevor diese Reinigung stattgefunden hat. Die Kundalinikraft ohne vorherige Reinigung zu erwecken ist, als wenn man einem Kind ein Messer in die Hand gibt. Mit großer Wahrscheinlichkeit wird es das Messer mißbrauchen. Es kann sich in den Finger schneiden oder noch viel größeren Schaden damit anrichten. Doch wenn man erwachsen und reif ist, wird man das Messer dazu benützen, eine Frucht zu zerteilen und sie seinen Freunden anzubieten.

Macht kann auf zwei Arten verwendet werden: zum Aufbauen oder zum Zerstören. Wir sind hierhergekommen um etwas aufzubauen, um den Palast der Wahrheit und der Liebe zu errichten. Dabei müssen wir uns nun im klaren darüber sein, ob wir ein erfahrener Architekt sind oder nicht. Sind wir es nicht, dann wird das Gebäude Mängel haben und kann jeden Augenblick wieder einstürzen.

Wir sollten also wissen, wann es für uns ratsam ist, die Kundalini-Kraft zu erwecken. Wenn wir fühlen, daß unser inneres Gefäß rein ist, wenn es ungehindert Licht empfangen kann, dann können wir die Chakren problemlos und ohne jede Gefahr öffnen. Doch wenn wir die Kundalini vorzeitig durch unser hartnäckiges Verlangen und Bemühen erwecken, können wir uns in große Schwierigkeiten bringen.

Wenn du dem Pfad des Kundalini-Yoga folgen willst, dann ist mein demütiger Rat an dich, zuerst zu versuchen das Herzzentrum zu erwecken. Das Herzzentrum besitzt sehr große Reinheit. Durch das Öffnen dieses Zentrums werden das Vitale und die störenden Emotionen gereinigt werden. Wenn du zuerst das Herzzentrum öffnen und die Reinheit von dort in die anderen Zentren bringen kannst, dann begibst du dich nicht in Gefahr.

Frage: Wird die Kundalini automatisch erweckt, wenn man in das spirituelle Leben eintritt, oder geschieht dies nur bei bestimmten Menschen?

Sri Chinmoy: Es gibt verschiedene Wege, die zum Ziel führen. Kundalini ist ein Pfad, der besondere Kräfte schenkt, doch es gibt andere Pfade, die ähnliche Kräfte verleihen. Sagen wir, drei Straßen führen zum selben Ziel. Eine Straße ist von zahlreichen Bäumen und Blumen gesäumt, an der zweiten wachsen nur wenige Bäume und Blumen, und an der dritten wächst überhaupt nichts. Während du dem Kundalini-Pfad folgst, begegnest du einigen Kräften, doch diese Kräfte sind mit Sicherheit nicht die höchste Kraft. Für diejenigen, die keine spirituelle oder okkulte Kraft besitzen, erscheint die Kraft der Kundalini gewaltig. Doch im Vergleich zur Kraft des Zieles ist die Kundalini-Kraft bedeutungslos.

Auf anderen Wegen findet man diese okkulte Kraft nicht. Die Straße ist frei und man marschiert einfach voran und erreicht schließlich sein Ziel. Wenn man es erreicht hat, erhält man die allmächtige Kraft — spirituelle Kraft. Ein Anhänger des Kundalini-Yoga ist jedoch oft mit seiner begrenzten Kraft zufrieden. Nur in ganz seltenen Fällen sind Sucher vom spirituellen Weg abgekommen, weil sie spirituelle Kraft erlangt haben. Doch Kundalini-Kraft, okkulte Kraft, hat viele, viele aufrichtige Sucher von der Wahrheit weggeführt.

In den meisten Fällen ist die Kundalini-Kraft kein Segen, sondern ein Fluch. Wenn du die Kundalini-Kraft mißbrauchst, bist du ruiniert. Du zerstörst all deine Möglichkeiten, das Höchste zu verwirklichen, und Gott allein weiß, wieviele Inkarnationen du brauchen wirst, um wieder auf den richtigen Weg zu gelangen. In neunundneunzig Prozent der Fälle wird die Kraft der Kundalini mißbraucht. Wenn du sie allerdings richtig verwendest, erhältst du Inspiration, etwas Gutes für die Welt zu tun.

Es gibt viele spirituelle Meister höchsten Ranges, die keine Kundalini-Kraft besitzen, weil sie nicht dem Kundalini-Pfad gefolgt sind, doch sie besitzen spirituelle Kraft, die wesentlich stärker ist. Die wirkliche, spirituelle Kraft erhält der Sucher im Verlauf seines inneren Wachstums.

Wenn Gott jedoch mit einem Sucher, der einem anderen Weg folgt, zufrieden ist, kann Er ihm dennoch ein wenig Kundalini-Kraft geben. Wenn Er fühlt, daß der Sucher die Kundalini-Kraft einmal wird gebrauchen können, um Ihn auf eine besondere Weise zu manifestieren, dann sendet Gott einen Boten, der mit der Kundalini arbeitet, um dem betreffenden Sucher diese Kraft zu geben. In Gottes Raum findet man all die verschiedenen spirituellen Eigenschaften. Wenn man Gottes Raum betritt, wird man hier eine

Schachtel mit der Aufschrift "Frieden" entdecken und dort andere Schachteln, auf denen "Licht", "Liebe", "Glückseligkeit" und "Kraft" steht. Im Augenblick interessierst du dich nur für Frieden, doch Gott fühlt, daß du auch ein wenig Kraft gebrauchen kannst. Die Welt ist so eingerichtet, daß dir die Menschen nicht glauben, wenn du nicht ein wenig Kraft zeigst. Wenn Gott daher der Ansicht ist, daß du in deinem Leben Kraft brauchst, wird Er dir Kundalini-Kraft geben, auch wenn du sie gar nicht wolltest. Doch wenn Gott keine Notwendigkeit dafür sieht, wird Er sie dir selbst dann nicht geben, wenn du danach schreist.

Viele Sucher beginnen ihre spirituelle Reise mit einer guten Haltung: Sie wollen nur Gott, nur Wahrheit, nur Licht. Doch nachdem sie zwei oder drei oder sechs Monate lang diesem Weg gefolgt sind, erscheint er ihnen sehr trocken und langweilig. Sie stellen fest, daß er ihnen weder Ruhm noch irgendwelche wunderbaren Kräfte gibt. So geben sie auf und wenden sich einem anderen Weg wie dem Kundalini-Yoga zu.

Sobald man auf diesem Weg etwas erhält, kann man all seine wunderbaren Kräfte der Welt zeigen und fühlen, daß man etwas erreicht hat. Doch diese Kräfte werden dir niemals auch nur einen Hauch von innerem Frieden geben.

Der Gebrauch okkulter Kraft hebt in keiner Weise das Bewußtsein irgendeines Menschen. Wie ein Zauberer führst du etwas vor und erzeugst damit eine Erregung, die vielleicht einige Minuten oder eine Stunde lang anhält. Doch dann fühlst du dich leer und deinen Zuschauern geht es ebenso. Du weißt, daß das nichts Dauerhaftes ist, daß es höhere Wahrheiten und höhere Wirklichkeiten gibt. Du fragst dich: "Ich kam in die Welt, um Frieden, Liebe, Freude, Glück und Erfüllung zu erhalten. Ist das die Erfüllung, nach der ich suche?" Dann trittst du in das wahre spirituelle Leben ein, in dem die Kundalini nicht benötigt wird. Was hier notwendig ist, ist allein ein innerer Schrei nach Wahrheit, Licht und Seligkeit. Wenn du einmal Wahrheit, Licht und Seligkeit erfahren hast, wird dich die Kundalini-Kraft nicht mehr interessieren.

Wenn du dich mit ein wenig Kundalini-Kraft zufriedengeben möchtest, dann meditiere sechs oder sieben Jahre lang einige Stunden am Tag, was wirklich nicht viel ist. Um Gott zu verwirklichen, sind mehrere Inkarnationen erforderlich, sofern man nicht einen guten spirituellen Meister hat. Wenn du dich ausschließlich auf die Chakren konzentrierst und auf Kundalini-Kraft meditierst, dann wirst du ebenso leicht Kundalini-Kraft erhalten, wie du nach vierzehn oder fünfzehn Jahren deinen Schulabschluß machst. Und wenn du ein sehr guter Schüler bist, kannst du einige Klassen überspringen und schon nach vier oder fünf oder sechs Jahren Kundalini-Kraft erhalten.

Frage: Ist das Erwachen der Kundalini ein Zeichen dafür, daß die Gottverwirklichung bevorsteht? In welchem Stadium der Evolution der Seele erwacht die Kundalini?

Sri Chinmoy: Es gibt dafür keine feste Regel. Viele Sucher haben Gott verwirklicht, ohne jemals die Kraft der Kundalini zu wecken. Es ist keineswegs notwendig, die Zentren zu öffnen, um Gott zu verwirklichen. Diese Sucher haben die allmähliche Entwicklung, Enthüllung und Manifestation der Fähigkeiten und der Möglichkeiten der Seele erfahren, doch ihre Kundalini-Kraft haben sie nie entwickelt. Hier ist Manifestaton der Seele gleichbedeutend mit Evolution der Seele. Anderseits gibt es Menschen, die zwar Kundalini-Kraft entwickelt haben, die aber Gott erst nach zwei oder drei weiteren Inkarnationen verwirklichen werden. Es besteht also kein unmittelbarer Zusammenhang zwischen der Kundalini-Kraft und der Entwicklung der Seele.

Das Öffnen der Zentren braucht kein Anzeichen für Gottverwirklichung zu sein. Doch bei einer intensiven Meditation, einer sehr hohen, kraftvollen Meditation öffnen sich die Zentren automatisch. Und wenn man Gott verwirklicht, kommt alles von alleine. Die Zentren öffnen sich in diesem Augenblick von selbst, ob der Sucher von ihnen nun Gebrauch machen will oder nicht.

Frage: Das Erwecken der Kundalini bedeutet also nicht, daß man Gott verwirklicht?

Sri Chinmoy: Wenn die Kundalini erwacht, wird man sich seiner inneren psychischen Kraft bewußt, doch das bedeutet nicht, daß man Gott verwirklicht. Gottverwirklichung ist etwas unendlich viel Höheres und unendlich viel Erfüllenderes als das Erwachen der Kundalini. Wenn die Kundalini erwacht ist, fühlt man die innere Schwingung und die innere Kraft, die einem nun zur Verfügung steht. Doch diese Kraft ist nicht der unendliche Frieden, das Licht und die Seligkeit des Höchsten.

Wenn die Kundalini erwacht ist, ist es, als besäße man ein Taschenmesser, mit dem man verschiedene Dinge tun kann. Doch wenn man Gott verwirklicht, fühlt man, daß man die Fähigkeit hat, eine Atombombe zu zünden. Wenn man Gott verwirklicht, ergießt sich das göttliche Bewußtsein in die Erdatmosphäre und breitet sich über die ganze Welt aus. Doch wenn die Kundalini erweckt wird, hat man nur begrenzte Macht. Nach dem Erwachen der Kundalini erkennt man die Begrenztheit der Kundalini-Kraft. Dann will man hoch, höher, bis zum Höchsten gelangen und man wird weitergehen, bis das unendliche Ziel erreicht ist.

Frage: Wenn es nicht notwendig ist, die Kundalini zu erwecken, warum erwacht sie dann in einigen Meistern?

Sri Chinmoy: Wenn jemand ein spiritueller Meister ist, kann ihm der Supreme eine Erfahrung geben. Der Meister muß wissen, daß etwas existiert, selbst wenn er es vielleicht nicht anwenden wird. Sonst fragt ihn möglicherweise jemand, ob er die Kundalini kennt. Und wenn er sie nicht erfahren hat, wird er sagen: "Nein, sie existiert nicht."

Frage: Verhindert Sexualität das Erwerben okkulter Kräfte durch Kundalini-Yoga?

Sri Chinmoy: Kundalini-Yoga ist der Yoga absoluter Reinheit. Er ist einer der heiligsten Yogas, und physische, vitale, mentale und psychische Reinheit sind dabei von überragender Bedeutung. Die drei Hauptnerven Ida, Pingala und Sushumna werden unmittelbar und außerordentlich stark unter jeder Art sexueller Aktivität leiden. Und nicht nur körperliche Beziehungen sind schlecht. Wenn sich jemand in seinem Verstand niederen vitalen Gedanken, unreinen Gedanken hingibt, ist das ebenso schädlich. Viele Sucher, die sich auf die Zentren konzentriert haben und gerade dabei waren sie zu öffnen, traten dann unglücklicherweise in die niederen vitalen Welten ein.

Viele Sucher in Indien haben gesagt, wenn die Kundalini erwacht, verursache die vitale dynamische Hitze im subtilen Körper sehr oft ein großes Unbehagen. Diese Energie kommt vom Subtilkörper, aber man spürt sie im physischen Körper. Sehr oft machen Sucher, die im

Begriff sind, spirituelle Kräfte zu entwickeln, die Erfahrung, daß sie diese intensive innere Kraft nicht ertragen können. Dann treten sie in die gewöhnliche niedere vitale Welt ein und verlieren ihre Kundalini-Erfahrung.

Es ist nicht schwierig, die Kundalini-Erfahrung für ein oder zwei Minuten oder einige Tage zu erhalten. Das Schwierigste ist, die Zentren zu öffnen. Aber das ist noch nicht das Ende unserer Reise. Die Öffnung der Zentren wird uns psychische, okkulte oder spirituelle Kraft geben. Doch das Wichtigste ist, im göttlichen Bewußtsein zu leben.

Wenn man wirklich Okkultismus lernen will, muß man zwei Dinge völlig meiden. Ich spreche hier vom reinen Okkultismus im strengen Sinn, nicht von schwarzer Magie und all dem, was jedermann praktizieren kann. Die beiden Dinge, die man meiden muß, sind Angst und Sexualität. Wenn man auf der physischen, der mentalen oder der psychischen Ebene nur ein bißchen Angst hat, können die großen, dynamischen okkulten Kräfte niemals entwickelt werden. Und wenn im Wesen noch niedere vitale Regungen, sexuelle Aktivität und unreine Gedanken vorhanden sind, kann keine okkulte Kraft kommen.

Frage: Gibt es nur sieben Chakren?

Sri Chinmoy: Nein, es gibt mehr. Unterhalb des Nabels, unterhalb der Wirbelsäule befinden sich noch weitere Zentren. Es gibt Zentren auf den unterbewußten oder unbewußten Ebenen im Knie, im Knöchel, im Fußspann, in den Zehen. Wenn diese Zentren sich öffnen, erlangt man die volle Herrschaft über seine physische Natur und es wird sehr leicht, die völlige Transformation des irdischen Lebens herbeizuführen.

Frage: Wo sitzt das dritte Auge?

Sri Chinmoy: Das Ajna-Zentrum oder das dritte Auge sitzt zwischen den Augenbrauen etwas oberhalb der Nasenwurzel, in der Mitte der Stirn. Wenn es am Anfang für dich schwierig zu finden ist, dann schau bitte in einen Spiegel und male einen Punkt in die Mitte deiner Stirn, etwas über deinen Augenbrauen. Auf diese Weise kannst du die Stelle fixieren.

Frage: Wie öffnet man das dritte Auge?

Sri Chinmoy: Es gibt verschiedene Methoden. Die einfachste und wirkungsvollste Methode ist Japa. Japa bedeutet die Wiederholung einer bestimmten Silbe, eines Wortes, eines Satzes oder einer Reihe von Sätzen. Es gibt eine ganze Reihe von Mantren, mit denen man auch das dritte Auge öffnen kann. Eines davon ist das Gayatri-Mantra, denn es ruft unendliches Wissen, Weisheit und Licht an. Äußerst wirksam ist, *AUM (OM)* zu singen. Jedes Zentrum besitzt einen geheimen Klang, der außerordentlich wirkungsvoll ist. Für das dritte Auge, das Ajna-Zentrum, ist es der Klang *AUM*. Der "M"-Laut sollte dabei dreimal länger als der "AU" -Laut gesungen werden. Und der Sucher sollte sich beim Wiederholen dieser Silbe auf sein drittes Auge konzentrieren.

Das dritte Auge kann auch noch auf andere Weise geöffnet werden, und zwar indem man die Gegenwart des Göttlichen, des Bewußtseins des Göttlichen oder des göttlichen Bewußtseins anruft. Das Göttliche kann dabei Gestalt annehmen oder formlos bleiben. Dazu ist intensives inneres Streben notwendig.

Es gibt noch eine dritte Methode: die Reinigung des ganzen Wesens. Im Körper befindet sich der Subtilkörper, das eigentliche Vitale, das subtile Vitale, der Verstand und das Herz. Wenn du die Reinigung deines ganzen Physischen und deiner inneren Existenz erreichen kannst und innere Erleuchtung erhältst, dann kannst du nicht nur dein drittes Auge, sondern ebenso alle anderen Hauptzentren öffnen.

Oder wenn du die unendliche Gnade des Supreme anrufen und deine ganze Existenz zu einer lebendigen

Hingabe zu Seinen Füßen machen kannst, dann kann das dritte Auge leicht geöffnet werden. Dafür mußt du arbeiten, und dein spiritueller Lehrer wird dir bestimmte Übungen und Disziplinen geben, die du ausführen und befolgen mußt. Das Ergebnis stellt sich jedoch erst ein, wenn Gnade herabkommt. Deine persönliche Anstrengung ist unabdingbar, doch sie allein reicht nicht aus. Hinter der persönlichen Anstrengung wirkt die Gnade des Göttlichen.

Gnade kann direkt von Gott kommen oder auch durch einen lebenden Meister oder von einem Meister, der den Körper verlassen hat. Ein verwirklichter Meister stirbt nie, er legt nur seine physischen Kleider ab. Verwirklichte Meister können in jedem Augenblick kommen, um einen Sucher zu inspirieren und ihm zu sagen, was er tun soll. Im Falle eines gewöhnlichen Menschen heißt es "aus den Augen aus dem Sinn". Doch bei verwirklichten Seelen haben Raum und Zeit keine Bedeutung. Genausowenig Bedeutung haben sie für einen Sucher, der eine innere Beziehung zu einem echten spirituellen Meister hat.

Frage: Gibt es ein besonderes Zentrum, auf das ich meditieren kann, um meine Gedanken unter Kontrolle zu halten?

Sri Chinmoy: Wenn du deine Gedanken beherrschen willst, solltest du dich auf das Zentrum zwischen den Augenbrauen konzentrieren. Wenn du dich intensiv konzentrierst und dabei verkrampfst, solltest du dich dort nicht länger als zwei Minuten konzentrieren. Sonst wirst du schon bald erschöpft sein.

Wenn wir uns im Herzzentrum konzentrieren, werden wir Frieden, Liebe und Freude erhalten. Versuche beim Eintreten in das Herzzentrum den kosmischen Klang zu hören, den klanglosen Klang. Wenn du Liebe, Freude, Frieden und Seligkeit vom Herzen in das Zentrum zwischen den Augenbrauen bringst, dann wirst du sehen, daß es dort keine Gedanken mehr gibt.

Das Herz ist für dich das sicherste Zentrum, auf das du meditieren und dich konzentrieren kannst. Auf diese Weise wirst du automatisch dein Wesen reinigen, denn im Innern des Herzens ist die Seele, und die Seele ist eins mit dem Unendlichen. Von dort wirst du alles erhalten.

Frage: Ist das dritte Auge der beste Ort, auf den man seine Aufmerksamkeit während der Meditation richten kann, oder können dadurch Probleme entstehen?

Sri Chinmoy: Im spirituellen Leben solltest du zu Gott beten, dir die innere Schau erst dann zu geben, wenn Er fühlt, daß es notwendig ist, und nicht eher. Wenn die innere Schau sich öffnet, ohne daß genügend Weisheit vorhanden ist, können ernsthafte Probleme entstehen. Es ist als säße man auf einem Pferd, das man nicht unter Kontrolle halten kann. Ein Beispiel: Stell dir vor, jemand tötet vor deinen Augen ein Hühnchen. Was du äußerlich siehst, führt nicht dazu, daß du dich mit dem Bewußtsein und dem Lebensatem des Hühnchens identifizierst. Doch wenn du die innere Schau besitzt und erkennst, daß du selbst vor vielen, vielen Inkarnationen ein Hühnchen warst, wirst du dich unmittelbar mit dem Hühnchen identifizieren und fühlen, daß du selbst getötet wirst. Du wirst vor Entsetzen erstarren. Wenn die innere Schau sich öffnet, wirst du eins mit der Wirklichkeit, die du siehst. Und wenn es sich um eine erschreckende Erfahrung handelt, wirst du vielleicht jahrelang daran leiden. Viele von euch wünschen sich, daß sich ihr drittes Auge öffnen würde. Ja, und wenn euer drittes Auge euch nun zeigt, daß ihr in eurer letzten Inkarnation der schlimmste Halunke gewesen seid, was dann? Die innere Schau sollte erst geöffnet werden, wenn eine innere Reife vorhanden ist und wenn weder die Vergangenheit noch die Zukunft dich aus der Fassung bringen können.

Angenommen, du erfährst, daß dein bester Freund sterben oder daß sich irgendeine Katastrophe ereignen wird, die du nicht verhindern kannst. Das dritte Auge kann dir sagen, was geschehen wird, aber es kann es nicht verhindern. Nur das innere Streben — der innere Schrei, der zum Höchsten emporsteigt und die Füße des Supreme berührt — und der Supreme selbst können das kosmische

Gesetz außer Kraft setzen. Wenn du siehst, daß sich eine Katastrophe ereignen wird, mußt du die Angelegenheit dem Supreme übergeben. Wenn es jedoch Gottes Wille ist, kannst du das Ereignis nicht verhindern. Wenn nun ein echter Sucher, ein großer spiritueller Sucher etwas sieht, das in seiner nächsten Verwandtschaft passieren wir, daß zum Beispiel jemand sterben wird, dann wird er sich sofort mit Gottes Willen identifizieren. Doch nur ein echter Sucher, der auf einer sehr hohen Stufe spirituellen Strebens steht, kann sich bewußt und spontan und ohne jede Schwierigkeit mit dem Willen Gottes identifizieren. Wirkliche spirituelle Meister sind immer eins mit dem Willen des Supreme, sie können nie einen eigenen, persönlichen Willen haben. Es mag ihnen leid tun, wenn sie sehen, daß etwas eintreten wird, doch ihr inneres Wesen bleibt davon unberührt.

Im Falle eines spirituellen Meisters oder eines Suchers, der an der Schwelle zur Gottverwirklichung steht, wird es daher keine Schwierigkeiten geben, wenn das dritte Auge offen ist. Doch für einen gewöhnlichen Sucher, der gerade erst den spirituellen Pfad betreten hat, kann es eine große Gefahr bedeuten, wenn er sein drittes Auge zu öffnen versucht, ohne daß seine Natur gereinigt und seine spirituelle Entwicklung weit fortgeschritten ist. Oft ist sein Gefäß noch nicht bereit, aber durch seine ungeheure Entschlossenheit gelingt es dem Sucher dennoch, sein drittes Auge zu öffnen. Das Ergebnis kann dann außerordentlich entmutigend und zerstörerisch sein.

Statt das dritte Auge zu öffnen, solltest du auf das Herz meditieren und Gottes Gegenwart ständig in deinem Herzen fühlen. Du solltest nur in Gottes Herz leben und Ihn in deinem Herzen bewahren wollen. Dann wird Gott dich zu Seinem Ebenbild machen und dir geben, was für dich am besten ist. Er wird dir nichts geben, das für dein Leben unnötig ist. Versuche Frieden, Freude und Liebe von Gott in dein inneres Wesen zu holen. Wenn du in dein Herz gehst, wirst du fähig sein, in deine eigene innere Sonne einzutreten. Wenn du das auf die richtige Weise tust, wirst du sehen, daß dort alles von Licht überflutet ist. Keine Unwissenheit kann die innere Sonne verdecken. Diese Sonne erleuchtet oder verwandelt deine Unwissenheitsnacht augenblicklich. Wenn du in deinem Leben das Höchste verwirklichen und erfüllen willst, dann versuche, im Herzen zu streben.

Wenn du also auf das Ajna-Chakra oder das dritte Auge meditierst, solltest du zugleich die Konzentration im Herzen üben. Du wirst in deinem Herzen reine Freude und reine Liebe erhalten — weit mehr als du je erwarten würdest. Du wirst hier mit dem universellen Bewußtsein untrennbar eins werden. Wenn du Freude und Liebe erlangt hast und in deiner Meditation fest gegründet bist, dann willst du vielleicht Schau oder Weisheit vom dritten Auge erhalten. Es gibt Menschen, die das Zentrum zwischen den Augenbrauen geöffnet haben, ohne daß ihr Herzzentrum geöffnet ist, und die durch die Gnade des Supreme keine sogenannten Fehler gemacht haben. Doch in den meisten Fällen wird man ein Opfer gnadenloser Versuchung werden, wenn man das dritte Auge öffnet, bevor das Herzzentrum, das Anahata-Chakra, geöffnet und der emotionale Teil der Natur völlig gereinigt ist. Du wirst versuchen, etwas innerlich zu sehen und es dann sofort weitererzählen, oder du wirst versuchen, in jemanden einzudringen, um zu sehen, was in seinem Wesen vorgeht. Es gibt unzählige Dinge, die dich schließlich weit, weit vom Weg der Spiritualität wegführen werden.

Frauen sollten ausnahmslos versuchen, auf das Herzzentrum, das Anahata-Chakra, zu meditieren. Für sie ist es leichter, das Herzzentrum zu öffnen, als für Männer. Männern fällt es leichter, das Ajna-Chakra, das dritte Auge zu öffnen. Doch Männer wie Frauen müssen schließlich beide Chakren öffnen. Es gibt auch andere Zentren, doch im Augenblick denken wir nur an diese beiden. Konzentriert euch während der Meditation zuerst auf das Herzzentrum und erst dann auf das Ajna-Chakra.

Frage: Was kann man tun, wenn das dritte Auge geöffnet ist?

Sri Chinmoy: Das dritte Auge ist das Auge der Schau. Wenn du deine beiden Augen gebrauchst, kannst du nur sehen, was vor dir ist. Doch mit dem dritten Auge kannst du nach vorn, nach hinten, überallhin sehen. Du kannst auch die Vergangenheit, die Gegenwart und die Zukunft zur gleichen Zeit überblicken. Im Augenblick weißt du vielleicht nicht mehr, was du gestern zum Frühstück gegessen hast. Doch wenn dein drittes Auge geöffnet ist, wirst du sogar sagen können, was du vor zwei Jahren zum Frühstück gegessen hast. Wenn du dein drittes Auge öffnest, wird es dich unmittelbar in deine Vergangenheit führen, wo alles aufgezeichnet ist. Es wird dir auch die Zukunft zeigen: was in deinem Leben und im Leben deiner Freunde geschehen wird. Angenommen, du hast geplant, morgen früh etwas Bestimmtes zu tun. Dies ist dein Plan, du hast es so beschlossen. Bis der Tag anbricht, kannst du es dir jedoch noch zwanzigmal anders überlegen. Aber wenn du mit deinem dritten Auge siehst, was geschehen wird, dann wirst du keine Notwendigkeit und keinen Willen verspüren, den kosmischen Plan zu ändern, denn er ist auf der inneren Ebene schon ausgeführt.

Frage: Welche Beziehung besteht zwischen dem dritten Auge und dem Herzzentrum?

Sri Chinmoy: Das Herz ist Bewußtsein und das dritte Auge ist Licht, obwohl es im Grunde keinen Unterschied zwischen beidem gibt. Das dritte Auge oder Ajna-Chakra kann das angesammelte Karma auslöschen oder zerstören, es kann die gegenwärtige Evolution beschleunigen und den zukünftigen Reichtum zum Vorschein bringen. Das dritte Auge besitzt unendliches Licht und *ist* zugleich unendliches Licht, und das Herz- oder Anahata-Chakra besitzt unendliches Bewußtsein und *ist* zugleich unendliches Bewußtsein. Beide sind ewige Freunde. In diesem Augenblick ist das unendliche Licht — das ich das dritte Auge nenne — ein Gebäude, und das Herz ist sein Bewohner. Doch im nächsten Augenblick kann das unendliche Bewußtsein — das ich jetzt das Herz nenne — zum Gebäude werden, und das dritte Auge wird sein Bewohner. Auf diese Weise wechseln sie sich ständig ab. Obwohl Bewußtsein und Licht voneinander nicht zu trennen sind, haben manche spirituelle Meister Licht gesehen, bevor sie Bewußtsein gesehen haben, und andere wiederum haben zuerst Bewußtsein und dann Licht gesehen. Was immer sie zuerst sehen, halten sie für die Quelle des anderen, das ist ganz natürlich. Diese zwei Finger gehören zur selben Hand. Dieser Finger heißt Licht, und dieser heißt Bewußtsein. Wenn du den Finger mit dem Namen Licht zuerst siehst, dann wirst du sofort sagen: "Licht ist die Quelle." Und du wirst sehen, daß in diesem Licht Bewußtsein ist. Doch wenn du den Bewußtseins-Finger zuerst siehst, dann wirst du sagen: "Die Quelle ist Bewußtsein." Und du wirst sehen, daß in diesem Bewußtsein Licht ist. Einige spirituelle Meister höchsten Ranges sehen zuerst Bewußtsein, während andere zuerst Licht sehen. Und je nachdem, was sie zuerst sehen, fühlen sie, daß die Quelle von allem entweder Licht oder Bewußtsein ist.

Doch es kommt die Zeit, da sie erkennen, daß Licht und Bewußtsein nicht voneinander getrennt werden können. Sie gehören zusammen wie die Vorder- und Rückseite einer Münze. Wenn ich etwas von dir kaufe und dir ein Geldstück gebe, ist es egal, welche Seite nach oben schaut. Du nimmst es an, weil du sicher bist, daß auch die andere Seite existiert. Ebenso gehören Licht und Bewußtsein immer zusammen. Wenn man nicht im transzendentalen Bewußtsein lebt, kann das spirituelle Herz nicht richtig funktionieren.

Wir können beide voneinander nur trennen, wenn wir unser menschliches Wissen und unsere menschliche Weisheit gebrauchen. Doch wenn wir unsere göttliche Weisheit, unser göttliches Licht, unser göttliches Bewußtsein gebrauchen, können wir das spirituelle Herz nicht vom dritten Auge trennen. Sie ergänzen sich wie Mann und Frau. Da das Herz gewöhnlich voller Süße und Liebe ist und das dritte Auge reine Kraft und Erleuchtungslicht, können wir sagen, daß das Herz die Frau und das dritte Auge der Mann ist. Die Haupteigenschaften der Frau sind Sanftmut und Güte, während die Haupteigenschaften des Mannes Wissen, Weisheit und andere mentale Dinge sind.

Und dennoch: wer weise ist, fühlt, daß das dritte Auge auch das Herz ist, denn was ist das Herz anderes als das, was uns Zufriedenheit und Erfüllung gibt? Und was kann uns Erfüllung geben? Nur Licht. Wenn daher Licht vom dritten Auge uns Erfüllung gibt, haben wir es natürlich mit der Eigenschaft des Herzens zu tun. Und was kann uns ein beständiges Gefühl von Weisheit geben? Weisheit erhalten wir nur, wenn wir tief in der innersten Tiefe unseres Atems leben, in unserem Herzen, wo Unendlichkeit, Ewigkeit und Unsterblichkeit miteinander spielen. Unendlichkeit als unser eigen zu besitzen, unendliches Licht und unendliche Seligkeit ewig als unser eigen zu besitzen: das ist Weisheit. Daher können wir sagen, daß Weisheit vom Herzen kommt. Auf diese Weise gehören Herz und drittes Auge zusammen. Wie Purusha und Prakriti, Gott als Vater und Gott als Mutter, gehören das dritte Auge und das Herz zusammen.

Frage: Bei einer Meditation bemerkte ich einmal, daß du zuerst dein drittes Auge und dann dein Herzzentrum berührtest. Was bedeutet das?

Sri Chinmoy: Das dritte Auge ist das Zentrum der Schau. Zuerst möchten wir die Schau der Glückseligkeit genießen. Und dann, nachdem wir uns an der Glückseligkeit erfreut haben, müssen wir sie irgendwo aufbewahren, wo wir immer wieder Zugang zu ihr haben. Dieser Ort ist unser Herz.

Frage: Was ist der Unterschied zwischen dem gewöhnlichen menschlichen Herzen und dem spirituellen Herzen oder Anahata-Chakra?

Sri Chinmoy: Das menschliche Herz ist ein kleiner Muskel im Brustkorb, den die Ärzte uns zeigen können. Doch das spirituelle Herz ist etwas, das ein Sucher sieht, fühlt und in das er hineinwächst. Das spirituelle Herz ist weiter als das Weiteste. Im Augenblick ist Unendlichkeit für uns nur ein Begriff in unserer Vorstellung. Doch wenn wir unser inneres Herz, unser spirituelles Herz entdecken, wird aus dieser Vorstellung Wirklichkeit.

Das Universum, das universelle Bewußtsein, das ewige Bewußtsein, das unendliche Bewußtsein — sie alle befinden sich im Innern unseres spirituellen Herzens. Auf der einen Seite beherbergt dieses spirituelle Herz Göttlichkeit, Unsterblichkeit, Ewigkeit und Unendlichkeit, auf der anderen Seite geht es über alles hinaus.

Das spirituelle Herz ist hier in unserer Brust, hier in unserer Stirn, überall. Weil es unendlich ist, durchdringt es das ganze Universum. Gott ist allmächtig, nicht weil Er größer ist als das Größte, sondern weil Er in diesem Augenblick die winzigste und unbedeutendste Ameise und im nächsten Augenblick unendlich viel unermeßlicher als der unermeßlichste Ozean sein kann. Wir nennen Ihn Gott gerade deswegen, weil Er sein kann, was immer Er sein will: weiter als das Weiteste oder kleiner als das Kleinste. Das spirituelle Herz hat dieselbe Fähigkeit. Obwohl es unendlich, ewig und unsterblich ist, kann es problemlos im grobphysischen Herzen wohnen. Und dennoch hat es die Fähigkeit, das physische Herz in seine Weite, in seine Unendlichkeit, in seine Ewigkeit hineinzunehmen.

In diesem Augenblick trennt sich das Unendliche vom Endlichen, im nächsten Augenblick heißt es das Endliche willkommen und wird völlig eins mit ihm. Im spirituellen Leben kann nicht nur der Wassertropfen in den Ozean eintreten, sondern auch der Ozean hat die Fähigkeit, in den winzigen Tropfen einzutreten.

Frage: Kann sich das Herzzentrum manchmal einige Sekunden lang öffnen und dann wieder schließen?

Sri Chinmoy: Ja. Manchmal öffnet es sich für einige Sekunden, einige Minuten oder einige Tage, um sich dann wieder zu schließen. Es ist wie bei einem Fenster. Du kannst ein Fenster einige Minuten, eine Stunde oder ein paar Tage lang offen lassen — es liegt ganz bei dir. Wenn unser Streben intensiv ist und wir mit unserer Seele völlig eins werden, bleibt dieses Zentrum ständig offen. Ansonsten öffnet es sich eine Minute oder einen Tag lang und schließt sich dann wieder. Doch wenn die sechs Hauptzentren vom Ajna- bis zum Muladhara-Chakra vollständig geöffnet sind, geschieht es sehr selten, daß ein Zentrum sich wieder schließt.

Frage: Woran erkennt man, daß das Herzzentrum geöffnet ist?

Sri Chinmoy: Wenn das Herzzentrum geöffnet ist, wirst du grenzenlose Freude, grenzenlose Liebe und grenzenlose Reinheit fühlen. Als erstes wirst du Reinheit erhalten: Reinheit in dir und außerhalb von dir. Dann wirst du unendliche Liebe fühlen, grenzenlose Liebe, und diese Liebe ist absolut rein. Sie wird in dir und um dich herum sein. Dann wirst du Freude in allem sehen. Im Augenblick schreist du nach Freude, doch der Tag wird kommen, an dem dieses Zentrum geöffnet ist und du von allem spontane Freude erhalten wirst. Du wirst eine Blume betrachten und Freude erhalten, du wirst ein Kind anblikken und Freude erhalten, du wirst die Welt anschauen und Freude erhalten. Du wirst ebenfalls Frieden und das Gefühl des Einsseins, universellen Einsseins erhalten. Wenn dein Herzzentrum vollständig geöffnet ist, ist es sehr wahrscheinlich, daß du während deiner Meditation den göttlichen Nektar, *amrita*, kosten wirst.

Frage: Wenn man in der Nähe des Herzens Wärme verspürt, ist das ein Zeichen dafür, daß das Herzzentrum sich öffnet?

Sri Chinmoy: Wenn du Hitze und das Kreisen einer Scheibe in der Mitte deiner Brust fühlst, ist das ein Zeichen dafür, daß dein Herzzentrum sich öffnet. Ärzte sagen, daß sich das physische Herz etwas auf der linken Seite der Brust befindet, doch das spirituelle Herz sitzt in der Mitte der Brust. Wenn das Herzzentrum sich wirklich öffnet, werden seine Freude und Glückseligkeit sich über deinen ganzen Körper ausbreiten, so daß du nicht mehr sagen kannst, daß es sich an irgendeinem bestimmten Ort befindet.

Frage: In welchem Verhältnis stehen das spirituelle Herz und die Kundalini-Kraft in Bezug auf ihre Bedeutung?

Sri Chinmoy: Die Kundalini-Kraft ist gleichsam an der Oberfläche, absolut an der Oberfläche des spirituellen Herzens. Auf der Oberfläche des Meeres gibt es Wellen und viel Bewegung. Wenn ein Kind die Wellen des Ozeans sieht, ist es fasziniert. Doch ein Erwachsener wird versuchen, tief in den Ozean einzudringen, wo es still und ruhig ist, wo absolute Ruhe herrscht, denn dort wird er die größte Freude erhalten. Der Erwachsene liebt die stillen und ewigen Tiefen.

Alle Wunder, die du durch die Kundalini-Kraft erleben kannst, sind wie das Spiel von Kindern in einem Garten. Ein Kind hat die Fähigkeit, eine Blume zu pflücken oder jemanden zu kneifen oder zu zeigen wie stark es ist, indem es einen Ziegelstein wirft oder allen möglichen

Unfug treibt. Die kosmische Mutter beobachtet das Spiel ihrer Kinder. Wie eine normale Mutter erfreut sie sich daran, ihre Kinder um sich herum spielen zu sehen. "Meine Kinder können springen, sie können laufen, sie können werfen," sagt sie. "Laßt uns das Spiel, das kosmische Spiel, genießen." Doch der Vater fühlt, daß die Kinder nicht die ganze Zeit nur spielen können. Manchmal müssen sie auch etwas lernen.

Wenn ein Kind spielt, erhält es Freude, physische Freude. Doch wenn es lernt, erhält es eine andere Art von Freude, eine Freude, die tiefer und erfüllender ist. Wenn jemand auf der physischen Ebene etwas erreicht, bewundern wir ihn. Wenn jemand auf der mentalen Ebene etwas Großes erreicht, bewundern wir den Betreffenden noch mehr. Wenn jemand etwas auf der psychischen Ebene vollbringt, bewundern ihn diejenigen, die dazu in der Lage sind, noch viel mehr. Und wenn jemand auf der Ebene der Seele, auf der Ebene Gottes, etwas vollbringt, bewundern ihn die, die davon wissen, am allermeisten. Sri Ramana Maharshi machte sich nichts aus Schulbildung, Sri Ramakrishna machte sich nichts aus Schulbildung. Es gibt viele spirituelle Meister, die auf Schulbildung keinen Wert legten. Doch alle Gelehrten der westlichen Welt sollten hingehen und die Füße dieser ungebildeten Männer voll unendlicher Weisheit berühren. Je höher und je tiefer wir gehen, desto überzeugender, desto erleuchtender, desto lohnenswerter ist die Weisheit, die wir erhalten. Auf dem Gebiet der Spiritualität ist Kundalini-Kraft wie eine Errungenschaft auf der physischen Ebene.

Selbst wenn der Sohn sechzig Jahre alt ist, ist er für seine Mutter immer noch ihr kleines Kind, ihr Baby. Doch wenn ein Vater sieht, daß sein Sohn dreizehn oder vierzehn Jahre alt ist, versucht er sofort, ihm all seine Weisheit zu geben. Er sagt zu ihm: "Du bist kein Kind mehr. Morgen schon kann ich sterben, und dann wirst du mich ersetzen und die volle Verantwortung für all meine Aufgaben übernehmen müssen." Die Mutter hingegen ruft: "Nein, nein, nein! Ich will, daß mein Kind hier bei mir bleibt!" Ich sage kein einziges Wort gegen die Mutter. Es liegt eben in Ihrer Natur, ihre Söhne als Ihre ewigen Kinder zu betrachten. Der Vater sagt: "Ihr seid zwar ewige Kinder, doch ihr müßt für mich arbeiten. Ihr müßt die Verantwortung für das ganze Universum übernehmen. Spielen ist gut und recht, doch es kann nicht ewig so weitergehen."

Dieselbe Mutter, dieselbe kosmische Mutter, die die gesamte Kundalini-Kraft in sich trägt, die die Kundalini-Kraft ist, steht weit, weit jenseits von ihr. Mit Ihrem Aspekt des ewig sich transzendierenden Jenseits gesellt sie sich zu Ihrem Gefährten, Purusha, Shiva, oder dem Absoluten. Mit Ihrem ewig sich transzendierenden Bewußtsein ist Sie eins mit dem Absoluten. Und mit Ihrem verspielten Bewußtsein spielt Sie mit Ihren Kindern in Ihrem kosmischen Spiel.

Der Vater fordert das Kind auf, über das kosmische Spiel hinauszugehen, denn nur wer über das kosmische Spiel hinausgeht, wird unendlichen Frieden, unendliches Licht und unendliche Seligkeit erlangen. "Ihr müßt über die Kundalini hinausgehen und in einen höheren Bewußtseinszustand eintreten. Tretet zuerst in *Sushupti* ein, das Stadium des Tiefschlafs. Dann tretet in *Swapna* ein, den Traumzustand, dann in *Jagriti*, den Wachzustand, und schließlich in *Turiya*, das transzendentale Bewußtsein. Und selbst darüber könnt ihr noch hinausgehen, meine Kinder, und im *Sahaja Samadhi* verweilen, einem dauerhaften, spontanen und dynamischen Einssein mit Mir auf allen Ebenen der Wirklichkeit."

Gottes Sohn, Jesus Christus, war dreiunddreißig Jahre auf der Erde. Nur während der letzten drei Jahre seines Lebens vollbrachte er Wunder. Aber glaubt ihr, die Welt verehrt ihn und betet ihn an, nur weil er über das Wasser gehen und Tote auferwecken konnte? Nein, nicht wegen seiner Wunder wird er bis heute angebetet, sondern weil er das ewige Bewußtsein, das unendliche Bewußtsein herabgebracht hat. Sri Ramakrishna vollbrachte praktisch keine Wunder, und es gab viele, viele andere spirituelle Meister, die keine Wunder vollbrachten. Sie fühlten, daß Wunder auf der physischen Ebene zu vollbringen kindisch wäre im Vergleich zu dem, was sie auf der spirituellen Ebene, in der Welt des Herzens zu tun fähig waren, wo unendlicher Frieden, Licht und Seligkeit wohnen.

Die Kraft der Kundalini und alle wunderbaren Kräfte der Erde sind vergänglich, denn sie sind erdgebundene Kräfte. Doch die Kraft des Selbst ist unendlich, die Kraft des transzendentalen Selbst ist unendlich und unsterblich. Das Wichtigste auf der Erde für einen spirituellen Sucher ist das Erwachen des Bewußtseins und die Verwirklichung des Selbst, denn dieses ist ewig. Wenn jemand kommt und einige Wunder vollbringt, werden wir fasziniert sein. Doch sobald wir nach Hause gehen, wird es nichts mehr geben, das unseren Glauben an das, was er getan hat, aufrechterhält. Alles scheint nur Zaubertricks und Täuschung zu sein. Und wie lange können wir den Zauberer in uns oder vor uns bewundern? Wenn aber jemand unser Bewußtsein auch nur für eine Sekunde hebt, oder wenn wir selbst es durch unser intensives Streben tun, dann hält unser Glaube an diese Erfahrung an, denn sie ist unsere eigene innere Erfahrung. Wir brauchen alles, was ewig währt. Wir brauchen Unsterblichkeit, innere Unsterblichkeit, und diese kommt durch das Erwachen und das Aufsteigen unseres Bewußtseins.

Frage: Ich habe eine Zeitlang auf mein Nabelzentrum meditiert. Ist das klug?

Sri Chinmoy: Gemäß dem strengen Hindu-System sollte dieses Chakra nicht geöffnet werden, bevor das Herzzentrum geöffnet ist. Wenn das Nabelzentrum vor dem Herzzentrum geöffnet wird, dann kann das niederste Vitale, das unreinste Vitale in das Herz eindringen und all deine spirituellen Möglichkeiten zerstören.

An diesem Punkt deiner spirituellen Entwicklung ist das Nabelzentrum kein gefahrloses Zentrum. Es ist das Zentrum der Dynamik, der Stärke, der Kraft. Du solltest auf dein Herzzentrum meditieren, um Frieden und Liebe und Freude zu erhalten. Wenn du Frieden, Liebe und Freude hast, wirst du fühlen, daß Frieden selbst Kraft ist, daß Liebe Kraft ist, daß Freude dynamische Kraft ist. Wenn du das Nabelzentrum öffnest und seine Dynamik mißbrauchst, wird sie zu brutaler Aggression. Das Nabelzentrum ist zugleich das emotionale Zentrum. Mit diesen Emotionen kannst du dich ausdehnen und zum Unendlichen werden. Doch wenn du beginnst, die Emotionen des Nabelzentrums hervorzuholen, kannst du wiederum ein Opfer des Vergnügens, irdischen Vergnügens und menschlicher Schwäche werden. Daher gestattet es dir Gott nicht, dieses Zentrum zu öffnen. Er beschützt dich.

Gott will nicht, daß du deine dynamischen Fähigkeiten mißbrauchst, die du in und um dein Nabelzentrum herum besitzt. Was Er von dir will, ist dein innerer Schrei nach Ihm. Dieser innere Schrei ist weder hier, im Nabelzentrum, noch hier, im Halszentrum, noch hier, im dritten Auge, oder hier, im Scheitelchakra. Er ist einzig und allein in deinem Herzen. Der einzige Ort, an dem man nach Gott schreit, ist hier. Wenn man wirklich nach Gott schreit, wird man Gottes Gegenwart zwangsläufig fühlen, an welchem Ort und in welcher Lage man sich auch befinden mag. Und wenn du Gottes Gegenwart fühlst, kannst du auch fühlen, daß die göttliche Energie, die Kundalini, erweckt ist und sich zum Höchsten erhebt. Von einem Zentrum zum anderen steigt sie hinauf, hinauf, hinauf. Wenn du Gottes lebendige Gegenwart in dir fühlen kannst, wird diese Energie, von der du sprichst, dir in kürzester Zeit in grenzenlosem Ausmaß gehören.

Du kannst ohne Gott nicht leben, ich kann ohne Gott nicht leben. Jeder muß mit Gott leben, doch Seine lebendige Gegenwart zu fühlen, ist etwas anderes. Diejenigen, die Gott verwirklicht haben, fühlen Gottes lebendige Gegenwart vierundzwanzig Stunden am Tag. Wenn du nach dieser lebendigen Gegenwart schreist, wird dein ganzes Wesen, deine innere und äußere Existenz mit göttlicher Dynamik und grenzenloser Energie überflutet werden.

Frage: Wie ist es, wenn man auf das untere Ende der Wirbelsäule meditiert und versucht, die Kundalini von dort aufsteigen zu lassen: Ist das ebenfalls gefährlich?

Sri Chinmoy: Einige Leute machen sehr oft einen Fehler. Sie versuchen, ihre Kundalini auf die traditionelle Weise zu erwecken, indem sie am unteren Ende ihrer Wirbelsäule beginnen, doch ihr Vitales bleibt unrein. Dann entstehen für sie große vitale Probleme und sie sagen: "Oh, bevor ich Yoga machte, ging es mir viel besser. Ich hatte sehr viel Reinheit, doch jetzt ist all meine Reinheit verschwunden."

Frage: Könntest Du bitte etwas über das fünfte Chakra sagen?

Sri Chinmoy: Das fünfte Chakra ist das Halszentrum. Es wird auch *Vishuddha*- oder *Kantha*-Chakra genannt. Das Sanskritwort für "Hals" ist *Kantha.* Wie die anderen Chakren befindet sich das Vishuddha-Chakra im Subtilkörper, im subtilen Physischen, und nicht im Grobphysischen.

Wenn man dieses Chakra öffnet, wird man schöpferisch tätig werden. Man kann ein Schriftsteller werden, ein Sänger oder ein Tänzer. Wenn dieses Chakra geöffnet ist, bedeutet das, daß man einen freien Zugang zur Welt der Kreativität geschaffen hat. Dieses Zentrum hat eine besondere Beziehung zur universellen Musik, die vollkommen anders ist als die Musik, die wir spielen oder hören. Diese universelle Musik ist himmlische Musik, die wir nicht ausdrücken können. Wir hören diese Musik in unserem Herzzentrum, dem Anahata-Chakra. Unsere gewöhnlichen menschlichen Ohren können sie nicht hören, wir hören sie nur mit unserem inneren Ohr.

Ausdruck, Enthüllung und Manifestation: all das bleibt reine Vorstellung, solange das fünfte Chakra nicht geöffnet ist. Wir können die Wahrheit verwirklichen, doch solange die Wahrheit nicht in dieser Welt enthüllt und manifestiert wird, bleibt sie reine Vorstellung. In anderen Welten, in den inneren Welten, ist sie eine Wirklichkeit. Doch solange wir etwas nicht unmittelbar vor uns sehen, haben wir jedes Recht, es zu leugnen. Wenn das Halszentrum geöffnet ist, wird aus der Vorstellung Wirklichkeit. Was wir Vorstellung nennen, ist in einer anderen Welt eine Wirklichkeit. In einer anderen Welt besitzt die Schau auf göttliche Weise ihre eigene Wirklichkeit, doch solange sie in der äußeren Welt nicht zur Wirklichkeit wurde, nehmen wir sie nicht vollständig an. In dem Augenblick, in dem das fünfte Chakra geöffnet wird, kommt alles zum Vorschein, was als Möglichkeit im Innern verborgen ist, um sich göttlich zu manifestieren. Dieses Zentrum ist also das Zentrum des Ausdrucks, der Enthüllung und Manifestation der eigenen verborgenen inneren Wahrheit.

Frage: Es heißt, daß es 86 000 subtile Nerven gibt. Sind sie denn so deutlich erkennbar, daß man sie zählen kann?

Sri Chinmoy: Ja, diese Nerven sind für das innere Auge durchaus sichtbar. Sie sind nicht ineinander verschlungen, sondern sehr klar erkennbar. Aber sie sind sehr leicht und zart, sehr subtil. Einmal versuchte ich, sie zu zählen. Ich glaube, ich kam bis zweitausend oder dreitausend, dann gab ich es auf und sagte mir: "Ich glaube es."

Frage: Haben die Nerven des subtilen Körpers irgendeine Beziehung zu den Nerven im physischen Körper?

Sri Chinmoy: Nein. Wenn du einen physischen Nerv zerschneidest, wird der subtile Nerv nicht beeinträchtigt werden. Doch man kann Botschaften von den subtilen Nerven in das Physische bringen. Du kannst Energie und andere Schätze vom Subtilen in das Physische bringen. Der Zweck der subtilen Nerven besteht darin, dem subtilen Physischen Energie zu geben. Durch deine Konzentration kannst du deine subtilen Nerven stärken.

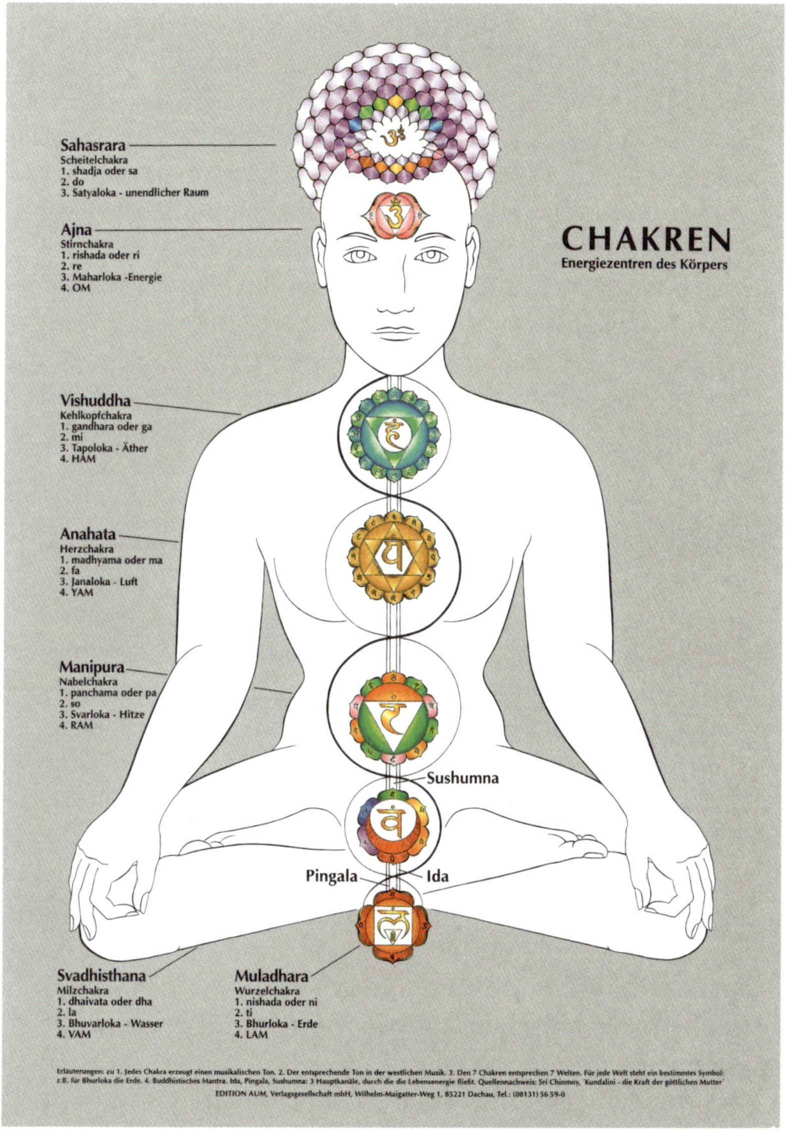

CHAKREN
Energiezentren des Körpers
Sahasrara
Scheitelchakra
1. shadja oder sa
2. do
3. Satyaloka - unendlicher Raum
Ajna
Stirnchakra
1. rishada oder ri
2. re
3. Maharloka -Energie
4. OM
Vishuddha
Kehlkopfchakra
1. gandhara oder ga
2. mi
3. Tapoloka - Äther
4. HAM
Anahata
Herzchakra
1. madhyama oder ma
2. fa
3. Janaloka - Luft
4. YAM
Manipura
Nabelchakra
1. panchama oder pa
2. so
3. Svarloka - Hitze
4. RAM
Sushumna
Pingala
Ida
Svadhisthana
Milzchakra
1. dhaivata oder dha
2. la
3. Bhuvarloka - Wasser
4. VAM
Muladhara
Wurzelchakra
1. nishada oder ni
2. ti
3. Bhurloka - Erde
4. LAM
Erläuterungen: zu 1. Jedes Chakra erzeugt einen musikalischen Ton. 2. Der entsprechende Ton in der westlichen Musik. 3. Den 7 Chakren entsprechen 7 Welten. Für jede Welt steht ein bestimmtes Symbol: z.B. für Bhurloka die Erde. 4. Buddhistisches Mantra. Ida, Pingala, Sushumna: 3 Hauptkanäle, durch die die Lebensenergie fließt. Quellennachweis: Sri Chinmoy, 'Kundalini - die Kraft der göttlichen Mutter'
EDITION AUM, Verlagsgesellschaft mbH, Wilhelm-Maigatter-Weg 1, 85221 Dachau, Tel.: (08131) 56 59-0

Über den Autor

Sri Chinmoy wurde 1931 im heutigen Bangladesh geboren. Mit dreizehn Jahren trat er mit seinen Geschwistern in eine spirituelle Gemeinschaft in Südindien ein, wo er zwanzig Jahre lang die Kunst der Meditation lernte und vervollkommnete. Seit 1964 lebt er in New York. Hier hat er in den letzten dreißig Jahren ein vielseitiges Wirken mit einer beispiellosen Kreativität entfaltet und dadurch Menschen auf der ganzen Welt inspiriert, ein Leben des inneren Friedens und der äußeren Dynamik zu führen und dabei innere wie äußere Begrenzungen zu überwinden.

Sri Chinmoy lehrt einen Weg des Herzens, einen ganzheitlichen Yogaweg, der das westliche Leben mit den spirituellen Werten des Ostens harmonisch zu vereinen sucht. Durch regelmäßige Meditation auf das Herzzentrum erfährt der Suchende inneren Frieden, Freude, Licht und Liebe. Diese Philosophie der Liebe und des Einsseins mit dem höchsten inneren Selbst läßt Gott und den Menschen als Aspekte desselben Bewußtseins in natürlicher Weise erlebbar werden.

Sri Chinmoy drückt seine spirituellen Erfahrungen und Erkenntnisse auf vielfältige Weise aus. Durch Poesie, Malerei, Musik und Sport versucht er den nach Wahrheit suchenden Menschen höhere Werte faßbar zu machen.

Als anerkannter Meister der Meditation lehrt er seine Schüler durch seine innere und äußere Gegenwart. Die intensive Arbeit an der eigenen Persönlichkeit bildet für ihn die Grundlage zu einer besseren, friedvollen Welt, denn "Friede beginnt im Herzen des einzelnen".

Zu seiner Friedensarbeit gehören unter anderem seine stets kostenlosen meditativen Konzerte, die seit 1984 Tausenden vonMenschen auf der ganzen Welt durch das Medium von Musik und stiller Meditation eine Erfahrung inneren Friedens und spiritueller Kraft vermittelt haben. Seit 1970 leitet Sri Chinmoy überkonfessionelle Friedensmeditationen am Hauptsitz der Vereinten Nationen in New York, die Botschaftern und Angestellten der UNO Gelegenheit zur Sammlung und Besinnung auf die grundlegenden Ideale der Organisation geben. Auch im Amerikanischen Kongreß, im Pentagon und im Britischen Parlament hat Sri Chinmoy Friedensmeditationen gehalten.

Als hervorragender Sportler betont Sri Chinmoy die fruchtbare Verbindung von Sport und Meditation als zwei sich ergänzende Wege zu persönlicher Entwicklung und zu innerem wie äußerem Frieden. Ein Zehnkämpfer in seiner Jugend, entwickelte er sich zum passionierten Langstreckenläufer und begründete das internationale Sri Chinmoy Marathon Team, das für seine Sportveranstaltungen, vor allem im Ultrabereich, weltweit hohe Anerkennung genießt. Mit erstaunlichen Leistungen im einarmigen Gewichtheben, in denen die aus Gebet und Meditation gewonnene Kraft inneren Friedens zum Ausdruck kommt, verblüffte Sri Chinmoy vor wenigen Jahren Experten aus aller Welt.

1987 rief Sri Chinmoy den Weltfriedenslauf (*Sri Chinmoy Oneness-Home Peace Run*) ins Leben. Dieser Friedenslauf, der alle zwei Jahre stattfindet, ist der größte und längste Staffellauf der Welt. Hunderttausende Menschen tragen dabei Fackeln des Friedens durch mittlerweile mehr als 80 Nationen und über eine Strecke von mehr als 50 000 km. Sie setzen damit ein Zeichen der Verbundenheit über nationale, politische, kulturelle und weltanschauliche Grenzen hinweg. Zahlreiche Staatsoberhäupter und führende Persönlichkeiten aus allen Lebensbereichen haben diesen Lauf unterstützt oder selbst die Fackel getragen. Im Rahmen des *Peace Run* wurden bereits 1000 Stätten auf der Welt als *Sri Chinmoy Peace Blossoms* offiziell dem Frieden gewidmet, u.a. die Niagarafälle, das im Vietnamkrieg schwer umkämpfte Mekong Delta der Provinz Long An, die Hauptstädte Kanadas und Australiens, Ottawa und Canberra, die Zugspitze in Deutschland, das Matterhorn in der Schweiz sowie zahlreiche länderverbindende Brükken in Europa und Amerika.

In Anerkennung seines selbstlosen Wirkens, seiner Inspirationskraft und seiner unermüdlichen Bemühungen für Frieden und Verbundenheit unter den Menschen wurde Sri Chinmoy von führenden Persönlichkeiten als Botschafter des Friedens gewürdigt und erhielt von verschiedenen Universitäten die Ehrendoktorwürde. Als Ehrenbürger von 34 Bundesstaaten der USA und Ehrenpatron des amerikanischen Zweiges des Bharatiya Vidya Bhavan, der bedeutendsten kulturellen Organisation Indiens, ist er ein anerkannter Brückenbauer zwischen Ost und West.

Meditation

Menschliche Vervollkommnung
in göttlicher Erfüllung
kartoniert, 373 Seiten

In diesem Buch finden Sie eine klare, praktische und umfassende Einführung in die Meditation. Mit einfach beschriebenen Übungen und Techniken und vielen Fragen, die Sri Chinmoy beantwortet, können Sie die Kraft der Konzentration, Meditation und Kontemplation kennenlernen und den Einstieg in das spirituelle Leben finden.

Eines der erfolgreichsten Kurs- und Lehrbücher über Meditation.

Meditationstechniken

kartoniert, ca. 140 Seiten

Von der Theorie zur Praxis. Sie finden hier eine Sammlung von mehr als hundert verschiedenen Konzentrations-, Meditations- und Kontemplationsübungen, zusammengestellt aus Büchern Sri Chinmoys. Dieses Buch ist besonders gedacht als Ergänzung zu dem Hauptwerk "Meditation".

Sri Chinmoy
Gelebte Spiritualität
Bildband, 152 Seiten, 70 Farbphotos

Ein bezaubernder Bildband mit Photos aus dem Leben des Meditationsmeisters Sri Chinmoys - in tiefer Meditation, bei Konzerten, bei seiner Malerei, beim Sport, im täglichen Leben, wie ihn seine Schüler kennen - verbunden mit Aussprüchen und Lebensweisheiten die uns das alltägliche Leben erfüllend gestalten können.

Ein Buch, das uns inspiriert Spiritualität zu leben - den Weg zum Meer des Friedens und der Wonne in uns zu gehen.

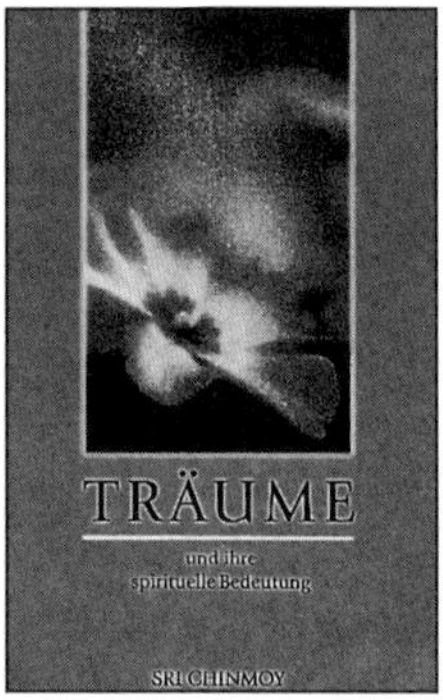

Träume

und ihre spirituelle Bedeutung,
kartoniert, 123 Seiten

Unsere Träume sind voller Geheimnisse. Woher kommen sie? Was bedeuten ihre Bilder? Was können wir von ihnen lernen? Sri Chinmoy gibt in diesem Buch einen faszinierenden Einblick in das Wesen der Träume, nicht aus psychologischer, sondern aus spiritueller Sicht.

* Wie man gute Träume haben kann
* Bedeutung von Träumen
* Bewußtseinsebenen, von denen Träume kommen
* Träume als Wirklichkeiten von anderen Welten
* Bewußtes Träumen
* Verwandlung negativer Träume
* Gebet, Meditation und Traumerfahrung

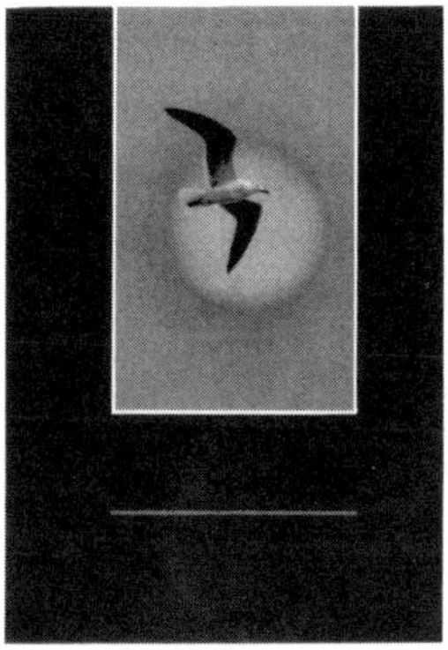

Meister und Schüler - zwei göttliche Instrumente

kartoniert, 136 Seiten

Für jene, die spirituelle Erleuchtung suchen, bedeutet Meister oder Guru nicht nur Lehrer und Experte - sondern auch der Weg, der zur Selbst-Verwirklichung führt. Sri Chinmoy sagt in diesem Buch dazu: "Das Bedeutendste, das ein Meister seinen Schülern zeigen möchte ist, daß es etwas Weites und Unendliches in ihnen selbst gibt, was nichts anderes als Gott selbst ist." Themen:

* Wie finde und erkenne ich einen wirklichen Meister? * Braucht man einen Meister um spirituellen Fortschritt zu machen? * Was ist spirituelle Einweihung? * Was kann ich von einem spirituellen Meister erwarten?

Weisheiten für jeden Tag

Friedensfunken

kartoniert, 144 Seiten,
illustriert mit Zeichnungen des Autors

"Kein Verlangen nach Gewinn, keine Angst vor Verlust. Siehe da! Friede ist dein."
"Das sonnenhelle Lächeln deiner Augen kommt geradewegs vom Frieden deines Herzens."
Tiefgründige, seelenvolle Gedichte über inneren und äußeren Frieden.

Sehnsuchtsflammen

kartoniert, 144 Seiten,
illustriert mit Zeichnungen des Autors.

Gedichte aus der Tiefe des Herzens, die unsere innere Sehnsucht zu Gott und zu unserem eigentlichen Selbst ausdrücken.
"Mein Herr, gib mir die süße Hoffnung zu fühlen, daß ich Dich auf Deine eigene Weise erfüllen und Dir gefallen kann."

Gebet und Meditation

kartoniert, 144 Seiten,
illustriert mit Zeichnungen des Autors.

Gedichte, die die Beziehung zu Gott durch Gebet und Meditation zeigen und uns bewußt werden lassen, welchen unschätzbaren Wert wir daraus erhalten.
"Wir beten zu Gott der Macht. Doch Gott der Liebende beantwortet unsere Gebete."

Weitere Informationen über Bücher, Meditationsmusik und Videos von Sri Chinmoy sowie über Konzerte und Veranstaltungen sind erhältlich bei:

The Golden Shore
Verlagsges. mbH
Glockendonstr. 31
D-90429 Nürnberg
* * *
Tel. 0911-28 88 65
Fax 0911-28 84 12

•

The Golden Shore
Manuela Dam-Widder
Auerspergstr. 10/5
A-5020 Salzburg
Tel./Fax 0662-624 135

•

Oneness-World
Daniela Weingartner
Steinberggasse 22
CH-8400 Winterthur
Tel./Fax 052-212 16 36